牡丹江师范学院课程思政教学研究论文集

王志浩　主编

南开大学出版社
NANKAI UNIVERSITY PRESS

天　津

图书在版编目(CIP)数据

牡丹江师范学院课程思政教学研究论文集 / 王志浩
主编.— 天津：南开大学出版社，2025.1
ISBN 978-7-310-06573-8

Ⅰ.①牡… Ⅱ.①王… Ⅲ.①师范大学－思想政治教
育－中国－文集 Ⅳ.①G651-53

中国国家版本馆 CIP 数据核字(2024)第 017191 号

牡丹江师范学院课程思政教学研究论文集
MUDANJIANG SHIFAN XUEYUAN KECHENG SIZHENG JIAOXUE YANJIU LUNWENJI

南开大学出版社出版发行
出版人：刘文华
地址：天津市南开区卫津路 94 号　　邮政编码：300071
营销部电话：(022)23508339　营销部传真：(022)23508542
https://nkup.nankai.edu.cn

河北文曲印刷有限公司印刷　全国各地新华书店经销
2025 年 1 月第 1 版　2025 年 1 月第 1 次印刷
240×170 毫米　16 开本　13.5 印张　2 插页　195 千字
定价：76.00 元

如遇图书印装质量问题，请与本社营销部联系调换，电话：(022)23508339

主　编：王志浩

副主编：程　爽　张　冰

编　委：李殿伟　韩　驰　王　岚　姜丽伟　李　宁　臧慧微
　　　　冯春丽　刘志学　褚清清　于　爽　丁　蕊　张林影
　　　　孙瑞雪　杨昕卉　陈宝玲　吴春雷　左桂鸿　刘艳凤
　　　　付东辉　赵祥敏　白　龙　付　杨　王淑玉　丁　蕊
　　　　张　岩　夏春艳　霍婷婷　杨昕卉　陈宝玲　张　冰
　　　　吴春雷　左桂鸿　刘艳凤　董奎玲　苏秀云　王丹丹
　　　　王雅馨　郑云波　储文杰　祖培福　谢　威　磨　然
　　　　贾　蕊　姜　涛　葛　菁　陈　珊　海维芳　尹丽娜
　　　　王春霞　苏秀云　李　洋　韩　竹　刘晓霞　战丽娜
　　　　姜　明　宗宪春　陈　欢　马怀良　刘丽华　刘　硕
　　　　孙　杰　那圆圆　孙明和　于　杰　王丹丹　王宁宁
　　　　彭庆敏　蔡秀明　战冠红　林　创　窦　强　杨　琳
　　　　刘　爽

目　录

"考育并举"：教师资格国考背景下高师院校师范专业的必然选择*

◎ 刘志学　　牡丹江师范学院 教育科学学院

◎ 张　磊　　牡丹江市第十一中学

◎ 王晶莹　　北京师范大学 教育学部

[摘　要] 国家教师资格考试制度的全面实施，必将在政策层面、社会层面和学校层面对高师院校产生冲击。因此，通过超前谋划，选拔合适学生修读师范专业；基于《教师课标》等教学文件调整培养方案；加强宣传，提高教师、学生对国考的重视程度；关注教材选用与教材建设环节；通过实施"考育并举"将备考纳入师范生培养全过程，国考、养成两促进，是当前高师院校应对冲击，实现生存与发展的必然选择。

[关键词] 高师院校；国家教师资格考试；考育并举

习近平总书记在与北京师范大学师生代表座谈时曾指出：教师工作是塑造灵魂、塑造生命、塑造人的工作[1]。为提高教师职业专业性、确保各学段师资质量

* 基金项目：牡丹江师范学院课程思政教学改革专项：中学教育学（KCSZ-2020030）阶段性成果；北京市社科基金重点项目"京津冀中小学教师效能的内在机制和提升路径研究"（16JDJYA007）阶段性成果。

作者简介：刘志学（1981—），男，黑龙江肇东人，牡丹江师范学院教育科学学院副教授，教育学博士，研究方向为课程与教学论。张磊（1982—），女，黑龙江省拜泉人，牡丹江市第十一中学教师，理学硕士，研究方向为物理教育教学。王晶莹，（1980—），女，山东蓬莱人，北京师范大学教育学部教授，教育学博士，研究方向为科学教育。

入口关，我国自 2011 年开始在湖北、浙江等省份进行教师资格国家统一考试（以下简称"国考"）试点，2016 年，除新疆、西藏等少数地区，全国 28 个省（区、市）加入国考，国考的格局基本形成。国考的一个重要变化是取消了以往师范生获得毕业证的同时直接取得教师资格证的权利，师范生需要和非师范生、符合报考条件的社会人员一同参加考试。

《教师教育振兴行动计划（2018—2022）》中曾指出"教师教育是教育事业的工作母机，是提升教育质量的动力源泉[2]。"地方高师院校作为为地方教育事业培养师资的重要机构，教师资格国考全面实施之后，师范生与非师范生、社会人员一起参加国考，国考通过率将成为衡量地方高师院校人才培养质量的重要指标，必将对学校的招生、就业和人才培养产生极大影响。如何在应对国考大背景下，聚焦师范教育、提高国考通过率成为地方高师院校必须面对的重大问题。

有学者曾撰文指出，"为考而教"是教师教育教学的异化，导致了教学目标的"国考倾向"、课程设置的"国考之纲"和教学实施的"模拟训练"，并提出了消解异化的相应策略[3]。但是，基于国考自身存在的问题与地方高师院校师范专业办学的现实困境，如果闷头只顾自身的师范专业人才培养，而对扑面而来的国考视而不见，必将造成学生不适应国考，国考通过率低的局面，其后果必然会对师范专业造成不可挽回的深刻影响，进一步恶化师范专业的办学困境。因此，笔者认为，在当前情况下高师院校师范专业实施"考育并举"，即将师范生人才培养与国考准备相结合，不失为积极应对国考的一种有效策略。

一、国考对地方高师院校师范专业造成的冲击

据教育部考试中心分析，自 2011—2014 年，15 个试点省（直辖市，区）共有 816561 人参加笔试，309767 人（占 38%）参加面试，笔试和面试均合格人数为 216794 人（占 27%）。[4]虽师范生通过率要高于平均通过率，也仅为 40% 左右。[5]国考因其较低的通过率，必将在以下三个层面对地方高师院校师范院校造成冲击。

（一）政策层面：师范专业认证难通过

为规范引导师范类专业建设，建立健全教师教育质量保障体系，不断提高教师培养质量，教育部于 2017 年发布了《普通高等学校师范类专业认证实施办法（暂行）》（下称《办法》）[6]，《办法》中规定国家将对师范专业进行三级认证，其中，第一级定位于师范类专业办学基本要求监测，第二级定位于师范类专业教学质量合格标准认证，第三级定位于师范类专业教学质量卓越标准认证。在认证标准中，第一级没有明确要求师范生教师资格证通过比例，第二级获得教师资格证书的学生数占毕业生总数比例不低于 75%，第三级不低于 85%。可见，如果师范生国考通过率低于 75%，将无法通过第二级认证，虽二级以上认证属于高校"自愿申请"，但因其结果将用于"政策制定、资源配置、经费投入、用人单位招聘、高考志愿填报"等重要环节，且通过第二级认证专业的师范毕业生，可由高校自行组织国考面试工作。通过第三级认证专业的师范毕业生，可由高校自行组织国考笔试和面试工作，其对地方高师院校产生影响的严重性可想而知。

（二）社会层面：社会认可度受影响

近年来，教师资格考试逐渐升温，报考人数逐年增加，2019 年下半年国考报名人数更是达到了 590 万[7]，引发了社会的广泛关注。对于地方高师院校而言，国考通过率在影响学校的招生、就业、人才培养工作的同时，也将直接影响学校的认可度和美誉度。如果师范专业学生国考通过率高，则在一定程度上说明了学校的教育教学质量和人才培养质量，提高学生的知名度，反之则会对学校的社会认可度产生一定的负面影响。

（三）学校层面：师范专业生存与发展成问题

鉴于师范专业学费收入低、办学效益不理想、就业困难等因素影响，部分传统师范院校不断压缩师范专业数量与招生规模，扩大非师范专业规模，并出现了综合化、去师范化的趋向。如教育部直属的华东师范大学从 20 世纪 80 年代中期开始增加非师范专业，逐渐成为仅以师范二字冠名的综合性大学。[8]以至于为遏制这一现象，使师范院校能够聚焦主业办好师范教育，教育部明确提出"十三五"

3

期间我国 181 所师范院校一律不更名、不脱帽[9]。

地方高师院校师范专业当前办学已面临困境，如国考通过率持续走低，特别是如果本校的非师范专业学生经过校外机构培训，获得了较师范专业学生更高的过级率，必将加剧这一情形，师范专业生存与发展都将成为问题。

二、国考与师范生人才培养间存在的问题分析

（一）高师院校人才培养与相关文件的不匹配

当前，指导师范专业师范生人才培养工作的国家文件主要是教育部先后于 2011 年和 2012 年制定并发布了《教师教育课程标准（试行）》（以下简称"《教师课标》"）和《教师专业标准（试行）》（具体包含幼儿园、小学和中学三个专业标准，以下简称"《专业标准》"）。指导国考工作的主要是教育部于 2011 年发布的《中小学和幼儿园教师资格考试标准（试行）》（以下简称"《考试标准》"）和各学段、各学科的考试大纲。

根据《中小学教师资格考试暂行办法》规定："教育部依据教师专业标准和教师教育课程标准，制订教师资格考试标准，组织审定教师资格考试大纲。"[10]由此可见从文件的隶属关系上看，《教师课标》和《专业标准》是《考试标准》的上位文件，三个文件各有侧重，从不同方面规定了教师教育的培养、培训、专业要求和准入标准，《教师课标》强调培养过程、《专业标准》强调专业规范和专业发展准则、《考试标准》则从教育测评的角度对《教师课标》和《专业标准》的相关要求进行了具体化[11]。

考什么内容直接决定了考生在考试之前学习什么内容，而学习什么内容又与教什么内容紧密联系，这种逻辑关系直接决定了"教师资格考试"的内容与教师教育的内容之间的关系[12]。高师院校人才培养的主要纲领性文件为《培养方案》。《培养方案》规定了师范生大学本科四年的培养目标、就业面向、需要修读的课程及学时、学分等重要信息。教育部发布的《教师课标》和《专业标准》都是各高师院校制定《培养方案》过程中，制定师范类专业教师教育类课程模块的主要依据。

由此可见，国考的《考试标准》和高师院校师范专业的《培养方案》都需要遵循《教师课标》和《专业标准》的相关要求，都是《教师课标》和《专业标准》的下位文件。因此，师范专业的人才培养和国考应该是内在统一的。以中学职前教师教育课程设置情况为例，将《教师课标》、《考试标准》和《培养方案》进行对照，可形成如表1所示：

表1 《教师课标》、《专业标准》、《考试标准》和《培养方案》信息对比

《教师课标》学习领域	《专业标准》维度	《考试标准》一级指标	《培养方案》课程名称
职业道德与专业发展	专业理念与师德	笔试：综合素质与能力	教师职业综合素质概要（3）、现代教育技术（6）
儿童发展与学习、心理健康与道德教育、中学教育基础	专业知识	笔试：教育知识与能力	中学教育学（4）、中学心理学（3）、教育科研方法（3）
中学学科教育与活动指导	专业能力	笔试：学科知识与能力	案例教学与教学设计（6）、学科教学论（4）、课标与教材分析（5）
教育实践	专业能力	面试	教育见习（3.4.5）、微格教学（6）、教育研习（7）、教育实习（7）

注：《培养方案》中课程名称后"（）"中的数字为开课学期；以牡丹江师范学院2016版人才培养方案为例。

通过对表1的分析可以发现，《教师课标》中的"学习领域"、《专业标准》中的"维度"、《考试标准》中的"一级指标"和《培养方案》中的"课程名称"，虽名称不同、分类方式不一样，但存在着内在一致性，"学习领域""维度"是宏观的课程方向、"一级指标"是中观的考核方式与考核内容、"课程名称"则是微观的、具体对应课程。除了综合素质与能力中的基本素养属于需要靠学生日常积累的内容，其他均可以在培养方案中找到相对应的课程。

虽然课程上基本实现了对应，但问题在于上述课程分别分布于师范生培养的第3、4、5、6、7等5个学期，根据《中小学教师资格考试暂行办法》规定："普通高等学校在校三年级以上学生，可凭学校出具的在籍学习证明报考。" 即师范

生在第 5 学期即可参加教师资格考试，但此时学生仅修读了培养方案中一半左右的教师教育类课程，其他的学科教学设计、教学实施等操作类、技能类课程大多尚未开设，如微格教学、教育实习、教育研习等教育实践类课程均要在第 6、7 学期开设。而在当前的国考过程中，居于主导地位的《教师课标》并未和考试实现完全有效的对接，且在部分高师院校《教师课标》的落实情况并不理想[13]。

（二）"养出来"的师范教育和"只考不育"的国考间的矛盾

教育是育人的事业，正如德国哲学家雅斯贝尔斯所言：教育意味着一棵树摇动另一棵树，一朵云推动另一朵云。教师是育人的主体。因此，高师院校对师范生的培养主要是一种职前教师的养成性教育。通过高师院校师范文化的熏陶、教育类课程的习得、微格教学的模拟训练、深入教育一线的实践锻炼，使师范生能够深刻感悟教师职业的特点、形成教师职业的认同感和使命感。这种养成式教育培养的准教师是"养出来"的[14]，这种"养出来"的准教师不光具有专业知识、专业技能，更重要的是还深谙师范文化、具有教师的坚实的职业素养、坚定的职业理想和高度的责任感和使命感。

这些"养出来"的师范生要成为准教师，必须要面对国考这道"门槛"。国考的本质是一种考试，是一种测评工具，其目的在于考核申请者是否具备"从事教师职业所必需的职业道德、专业知识与基本能力"，其特点是"只考不育"[15]，即仅负责教师职业准入的"考试"，而不负责教师职业素养的"培育"。同时，国考仅关注"考核"的环节，"考核"那些能够考核的"知识与能力"，而不关注那些"培育"过程和不能够进行"考核"的"素养"。"养出来"的师范生所具备的许多特质，是无法在"只考不育"的国考中考察出来的。

国考是开放性的教师教育体系的重要组成部分，其开放性在于所有符合条件的社会人员、高等学校的在校生均可参加考试。国考考察的内容可以由申请人通过高师院校的培养获得，可以自学参考资料获得，也可以通过辅导机构的专业培训获得。国考开始以后，一大批培训机构纷纷举办教资培训，获得了相当可观的受益，其中一些辅导机构通过梳理历年真题，总结笔试的普遍性的"答题原理和解题原则"，形成面试"模式与套路"，参加培训的申请人经过培训机构专业培训人员的短期培训，就能熟悉笔试的答题技巧和面试的试讲套路，这些经过培训的申请人，虽没有经历过真实的或模拟的教育教学实战经验，没有经过师范文化的浸润，不具备教师职业的专业素养，但是他们却拥有了足以应付国考的"假性教育教学能力"[16]。这种能力是一种被"塑造"、培训出来的，仅能够应付国考的、虚假的能力，同时也是一种能够帮助申请人通过国考的能力。

在国考的笔试考场和面试现场，特别是在面试环节，拥有这种"假性教育教学能力"的申请者比比皆是。他们用同样的模板套用在所有的教学内容上，仅修改一下教学主题即可。引课、新课、复习、作业各个环节处理一模一样，提问、互动、讲解一样不少，就连让学生回答问题时的导语，都是统一的"你手举的最高你来回答"，学生回答完毕后，对学生的评价都是一致的"你答得很好，要是再带一点感情就更好了"。丰富、多样、充满生命活力的中小学课堂教学，在这里变成了一系列刻板、机械的程序和套路，让人不得不感到无奈。

三、"考育并举"，提高国考过级率，凸显师范教育特色

面对以上现实矛盾，如果高师院校依旧按照原有的培养模式培养师范生，必将造成师范专业国考过级率低于非师范专业的尴尬局面。同时也必须认识到，国考是检验参考人员教育教学知识和从师技能掌握情况的工具。因此，国考可以成为衡量师范专业人才培养质量的一个指标，但不应该成为师范专业人才培养的唯一目的，如果仅将国考通过率视为培养目标，必将会导致本末倒置，得不偿失。因此，师范专业可以从以下几个方面入手，"考育并重"，在提高国考过级率的同时，凸显高师院校师范专业师范教育特色。

（一）超前谋划，选择合适学生修读师范专业

不论是在之前"985""211"工程推动下的大学分类管理方式，还是当前"双一流"工程背景下的大学分类方式，地方高师院校一直都处于我国大学分类的底层，底层意味着低分，其直接结果就是生源质量差和毕业生质量不高[11]。优质生

源是优质师资的前提和保障，没有优质生源难以培养出优秀的人民教师。因此，高师院校应该在现有的招生条件下，通过提前批次录取、定向招生、大类招生、二次选拔、心理测试、面试等方式，选拔综合素质佳、乐教、适教、能教的优质生源进入师范专业学习，从源头上保证师范生的素质。

（二）提前准备，基于《教师课标》等文件制定培养方案

培养方案是高师院校师范生人才培养的根本大法，没有结合国考要求、设计合理、模块清晰，体现师范特色的培养方案，要培养从师素养好、国考通过率高的师范生将无从谈起。因此，对照《教师课标》、《专业标准》和《考试标准》（包括《考试大纲》）精心设计培养方案，并严格执行培养方案，在师范生的人才培养过程中显得格外重要。

在修订培养方案过程中，需注意《教师课标》、《专业标准》和《考试标准》三者的关系，要结合师范生人才培养的规律和高师院校的师范文化传统和办学特色，综合多方面因素设计课程结构、课程内容、课程学时、学分、开设时间和先后顺序。一方面要做到应开尽开，开齐开足《课程标准》中要求的相关课程，确保师范生具备新时期教师应有的知识结构；同时要对标《考试标准》，研究如何让师范生在大三上学期参加国考之前，能够对《考试标准》（特别是相应学段、学科的《国考考纲》）中要求的考试内容，基本做到能开设的尽量开设，能够提前开设的提前开设、能够集中的集中开设，保证师范生在参考国考时具备相应的知识与能力。

在确保《培养方案》与《教师课标》、《专业标准》、《考试标准》协调一致的同时，还要尊重师范教育传统和教师教育人才培养规律，注重课程与课程间的过渡和衔接[17]，避免为了提高国考过级率，直接将《国考考纲》生搬硬套、变成师范生人才培养的"教学之纲"。例如教育实习是师范生教师教育类理论课程学习结束后，经过微格教学的模拟训练，进入基础教育学校进行实战训练的重要教学环节，因为其理论联系实践的特殊性，一般安排在第7或第8学期，不能因为训练学生的教学技能而将其提前。但是，可以将微格教学适当提前至第5学期，与"课

标与教材分析"等课程同步开设，确保学生的教学设计与教学实践能力得到锻炼。

（三）加强宣传，提高教师、学生对国考的重视

师生对于国考的认知将直接影响其对待国考的态度，并进而影响其对国考所采取的行动。对教师特别是教法教师而言，只有了解了国考对师范生、对师范专业、对学校生存与发展的重要意义，才能在教学和指导学生过程中，注意将日常教学与国考相结合，有针对性地采取教学，并通过日常和学生接触，向学生渗透国考的重要性，引导学生关注国考，提前准备国考，以教师对国考的认知影响学生对国考的认知。

学生是学习的主体，所有的学习都是靠学生的自主建构完成的。国考很大程度需要靠学生自己完成课程的学习任务，自主报名参加考试，更加体现了学生作为主体的重要作用。据统计，50%以上的师范专业大一、大二的学生不知道国考科目、对国考的考纲、考试流程、面试环节等更是基本不了解[18]。大一、大二正是师范生刚刚进入大学，学习兴趣浓厚、学习精力旺盛的阶段，也是汲取教育教学理论知识、实践能力、培育教师职业素养、积极复习准备国考的最佳时期。如果这一时期不关注国考，到了大三才开始准备，则会出现复习时间紧、任务重，只能临时抱佛脚的状况。

因此，有必要在师范生入学教育环节开设介绍国考重要性、考试科目、考试环节、如何备考的专题讲座，让学生一进入大学校门，就能够将自己的教师职业生涯规划与国考结合起来，在提升教师职业素养的同时，关注国考相关的内容，做好国考的复习、备考工作，做到"培育"与"考证"相结合。

（四）关注教材建设与选用环节

教材是教师教学、学生学习的主要材料，教材质量将在一定程度上影响学生的学习质量。国考作为教师职业的准入考试，通过模块化的方式，将《教师课标》中规定的学习领域知识以《考试大纲》和试卷的形式表达出来，其并不追求知识的完整性、系统性和学科体系化。国考依据《考试大纲》命题，不提供配套教材和辅导资料[19]。因此，国考教材的建设与选用显得尤为重要。

国考"有大纲、没教材"的管理方式导致了"一纲多本"的国考教科书市场的形成，为广大国考培训机构编写教科书提供了机会。一时间各大培训机构编写、出版的国考教科书、辅导资料、模拟题充斥市场，在繁荣国考教科书市场的同时，教科书质量也呈现出良莠不齐、泥沙俱下的状况。

对于高师院校而言，可以选择自编教材，也可以选用质量较高的相关教材。高师院校编写教材需要注意的是如何做到在兼顾《教师课标》和《考试大纲》的要求的同时，不能是历年真题的汇总、模块的堆砌，还需要确保知识体系的完整性、教学案例的鲜活性和教学理念的先进性。高师院校在选用教材时则需要注意甄选和鉴别，要结合自身的师范教育传统、人才培养规律和国考要求综合考量。同时，高师院校还可在选定教材之后，在教学过程结合考纲要求，综合多部教材的优点对选定的教材进行重构，适当补充或删减部分内容，在确保知识体系完整的前提下尽量对接国考，方便学生复习备考。

华东师范大学于 2015 年编写的《基于教师资格考试的教育学》和《基于教师资格考试的心理学》，是将国考与教师教育类公共课结合较为紧密的教材代表。该书主编在前言中指出：考纲因其理念落后、知识陈旧、知识零碎、内容重叠等问题不能直接作为师范院校的教学依据，因此，他们基于源于考纲、超越考纲的思想，按照课程的内在逻辑和考试要求，对知识进行了有机整合、整体优化，力求打造一套理念先进、体系完整、内容保鲜、重点突出的教育学教材[20]。

四、结语

教师是一项实践性极强的职业，每时每刻都需要面对鲜活的学生和变动不居的教学事件，教学问题的处理需要教师拥有自己的"经验库"（reperore），并能够在需要时从经验库中提取与之类似的经验场景处理教学问题。高师院校的师范教育是一种养成性教育，需要时间的积累、日常的熏陶、过程的磨炼和实践的锻炼，教师经验库的建立则需要这种"养成性"教育的积累和沉淀，将培养过程中收集到的教育实践转变为教育经验以应对将来可能出现的教学事件。

　　高师院校可以将国考的备考、训练与日常的师范生职业素养养成相结合，将国考大纲要求的知识、技能等考核内容融入师范生日常培养全过程。结合国考和师范生教师职业技能训练、从师素养培育的相关要求进行梳理，分解到相应的学年、学期（重点为迎接国考前的大一至大三上学期），制定师范生培养手册，自师范生入学开始，督促、指导学生结合手册要求，充分利用课前十分钟、早、晚自习、寒暑假等时间，通过教育著作阅读、课前演讲、模拟教学、三笔字练习、进行国考的准备和从师素养的培育。通过日积月累的长时间积淀，提高学生教师职业素养的同时，让学生能够在大三上学期以较好的状态参加国考，并能够让大多数学生一次顺利通过国考，未通过的学生可在之后的国考中陆续参加考试，通过考试。

　　高师院校师范专业的主要职责是为地方教育事业培养合格师资，国考的主要目的是严把教师入口关，吸引优秀人才从教。师范生参加并通过国考是其走向准教师的第一道门槛，也是国家选拔优秀人才从教的开始。国考对传统高师院校的教学、管理、人才培养产生的影响正在逐步呈现，并将日益加重。在此形势下，高师院校只有审时度势、转变观念、积极应对，在关注师范文化、师德素养、职业理想、信念的养成的同时，督促学生认真备考，做到"考育并重""考育并举"，增强师范生的实践能力、发展潜力和就业竞争力。唯有如此，高师院校师范专业才能在逐渐被边缘化的形势下体现办学价值、凸显师范教育培养特色，为自身的生存和发展赢得更大的空间。

参考文献

[1]习近平. 做党和人民满意的好老师——同北京师范大学师生代表座谈时的讲话[N]. 人民日报，2014-09-10.

[2]教育部. 教师教育振兴行动计划（2018—2022）（教师〔2018〕2 号）[A]. 2018-02-11.

[3]孙德芳. 教师教育中"为考而教"的现象与对策[J]. 教育研究，2017,38(04):

112-116.

[4]何丹."国考"背景下教师教育专业教师资格课程改革探究[J].中国成人教育，2016（17）：104-107.

[5]梁广，任仕君.地方师范大学师范生教师资格考试调查报告[J].当代教师教育，2017，10（03）：33-40.

[6]普通高等学校师范类专业认证实施办法（暂行）[EB/OL].https://www.gov.cn/xinwen/2017-11/08/content_5238018.htm.

[7]中小学教师资格考试11月2日举行[EB/OL].http://m.people.cn/n4/2019/1031/c678-13344490.html.

[8]袁运开，王铁仙.华东师范大学校史（1951—2001）[M].上海：华东师范大学出版社，2001：155.

[9]教育部."十三五"期间我国181所师范院校一律不更名不脱帽[J].新课程研究，2017（02）：89.

[10]教育部关于印发《中小学教师资格考试暂行办法》《中小学教师资格定期注册暂行办法》的通知[EB/OL].http://www.moe.gov.cn/srcsites/A10/s7151/201308/t20130821_156643.html.

[11]林冬梅.教师教育课程建设的取向与依据——以国家教师资格考试为视角[J].沈阳师范大学学报（社会科学版），2019，43（05）：120-126.

[12]朱旭东，袁丽.我国"教师资格考试"政策解读[J].贵州师范大学学报（社会科学版），2016（04）：107-115.

[13]陈思颖.论问责视角下的国家教师资格考试[J].教育科学，2015，31（04）：41-45.

[14]陆一.教师是养成的，不是考出来的[N].中国教育报，2014-05-22（002）.

[15]张鲁宁.对"假性教育教学能力"能通过国家教师资格考试的反思[J].教育学报，2015，11（03）：46-52.

[16]朱旭东.论当前我国教师教育存在的十大问题及其解决途径[J].当代教师

教育，2012，5（03）：5-14，21.

[17]韩苏曼，沈晓燕，严莉莉. 师范生对教师资格考试的认识及其对课程教学的影响——基于上海 1133 名师范生的问卷调查[J]. 教师教育学报，2019，6（03）：54-60.

[18]冯加根. 创新"教育知识与能力"测评理念　促进教师教育课程改革[J]. 中国考试，2015（10）：3-9.

[19]华东师范大学教育学编写组. 基于教师资格考试的教育学[M]. 上海：华东师范大学出版社，2015：前言.

[20]Donald A. Schön. The Reflective Practitioner: How Professionals Think in Action [M]. New York: Basic Books, 1983: 137-141.

"立德树人、德法兼修"视域下的法学教育革新*

◎ 褚清清　　牡丹江师范学院 法学院

[摘　要] 课程思政理念在实践中的探索，为法学专业课程挖掘"德育"内涵，实现立体化育人，提供了重要的研究路径。但伴随着思政课程创新的改革步伐，为法学专业课程思政建设树立了新标准、提出了新要求。如何结合思政课程改革创新的新要求，在完成法学人才培养目标的过程中，实现价值观培育和"德育"基因的融入，成为法学基础理论学科课程思政建设的新问题。

[关键词] 课程思政；法学基础理论学科；法治人才

高校法学专业是培养社会主义法治建设人才的摇篮。近年来，伴随着我国法治建设的逐步深入，"立德树人、德法兼修"这一法治人才培养要求，成为高校法学专业改革贯彻的基本方针。牡丹江师范学院法学院在"立德树人、德法兼修"这一根本目标的视域下，从课程思政建设、强化实践教学、引入多媒体技术等方面积极展开教育革新，对教学体系、人才培养方案、评价体系等进行了一系列的综合改革探索，为法学教育在新时代的改革之路提供了有益的经验累积。

一、课程思政建设中的"德与才"的深度融合

卓越法律人才培养的目标是造就一批信念执着、品德优良、知识丰富、本领

---

* 基金项目：本文为牡丹江师范学院课程思政教学改革专项立项（KCSZ-2020054）阶段性研究成果。
作者简介：褚清清，博士，硕士生导师，牡丹江师范学院法学院法学基础理论教研部主任。

过硬的高素质法律人才。结合"八个统一"的新要求，法学专业中的课程思政建设可以进一步丰富卓越法律人才培养目标的内涵，为法律人才的培养提供更明确的目标和方法探究。法律职业人才的培养，不仅要注重"才"，还要注重"德"的要求，包括法律职业伦理的培养、法律职业信仰的树立、主流价值观的塑造。法律专业需要从大学专业教育之初，培养学生树立正确的职业理想和职业信仰，形成法学职业伦理，为解决处于职业困境时提供正确的选择基准。在法律专业理论知识教学中通贯育人因素，将专业知识教育与素质教育、法治观教育、政治认同教育相结合。不仅在生动的案例和启发式讨论之下引发学生的职业情感认同，培养学生对法律职业产生荣誉感和自豪感，形成良好的自律式的职业伦理道德，还进一步帮助他们树立正确世界观、人生观、价值观，对祖国、民族、中国文化和中国特色社会主义道路形成深刻认知与认同。如此丰富内涵的卓越人才培养目标下所孕育的法律职业者才是中国特色社会主义法治建设真正需要的法律专业人才。

在课程思政理念融入专业课程建设之初，就有许多教师产生过一些疑虑，担心专业课的课程思政建设会出现专业课程政治化或者课程思政形式化两种极端状况。因此，牡丹江师范学院法学院在课程思政建设从以下两个方面进行明晰定位：

第一，以法学基础知识教育作为核心来构建，即课程思政因素的引入是以法学知识、能力、技能、素养培养为基础的，育人因素的嵌入应以法学专业知识的积累和素质能力的培养作为出发点和归宿，课程思政体系的构建不能偏离法学专业本身。

第二，不能将"德育"与"才育"相割离，避免出现一门学科刻意设置三到四个"德育"材料，脱离法学专业知识本身，生硬灌输学生思政理念的状况。这种形式化、孤立化、僵硬化的课程思政建设，不仅会增加专业课程本身的负担，也会引起学生和教师的反感。

因此，将法治精神的弘扬、法律职业道德的培养、政治认同和社会主义核心价值观的塑造等真正融入法学专业培养目标，牡丹江师范学院法学院挖掘课程思政的内涵与法学专业知识的契合之处，以价值观培养为引领，整合专业知识体系，并在教学方法和评价标准上深度结合"育人"因素，促使课程思政与法学基础理论学科功能契合的真正实现。

二、实践教学中的"德与才"的立体化塑造

法学专业的特殊性决定了实践能力的塑造在法学教育中的重要性，因此，实践教学成为法学教育的核心环节。实践教学中，法律逻辑思维和法律操作能力这些"才"的方面的提升，也离不开"德"的正确引导。而良好的"德育"教学的完成，同样也能引领学生"才"的塑造。牡丹江师范学院法学院的教师们在教学中发现，实践教学中的"德与才"的立体化塑造可以通过以下几方面进行尝试：

（一）塑造庭审和实习中的"榜样效应"

实践中优秀和先进的人物事迹会对学生们产生深刻的影响和激励效果，尤其是在实践中所经历的或是在身边的鲜活事迹和形象会让这种榜样效应更加突出。因此，一方面，让学生主动观察寻找身边的法官、检察官、律师、仲裁员等在日常工作中的闪光点，引导学生们塑造身边"平凡的英雄"作为自己的榜样和楷模；另一方面，与法院、检察院、消费者协会、工会以及其他协作平台合作，以访问、讲座、报告、参观事迹馆等形式，让学生对这些职业和相应的权利诉求者形成立体化的认知，将法律职业伦理的教育、政治认同感的巩固、价值观的塑造，在"榜样效应"的影响下潜移默化中得以完成。

（二）设置导师反馈机制，及时疏通学生的价值观困惑

通过实践，学生在接触社会的具体事件、具体人物、具体法律关系的过程中，一定会形成与固有价值观理解的碰撞，处于困惑中的学生需要老师对其进行正确的引导。因此，牡丹江师范学院法学院设置了导师反馈机制，专门对学生的困惑进行一对一或以具体案例为引导的讨论课形式进行疏导。及时引导学生将困惑表达出来，并运用专业知识结合社会经验，鼓励学生通过思考——表达——反思——明晰四个步骤，完成价值观的解惑与提升。

（三）教师坚定理想信念，带头践行核心价值观

教师是立教之本，兴教之源。高校法学专业的教师不仅肩负着传授法学知识和技能的职责，还担负着立德树人的重要使命。尤其在实践教学过程中，学生不仅经历理论知识在实践中的检验，还需要经历现实与理想的碰撞。因此，教师作为学生的摆渡者和引路人，自身的信念应当坚定，将核心价值观融入进日常的教学和生活的言行中。一方面，提高学生对于西方极端思想的辨别能力，客观看待其与我国法治理念的区别；另一方面，培养学生的主体认知，形成理性家国情怀，让学生以历史的、发展的视角看待我国法治发展进程中的阶段性问题以及明晰我国社会主义法治的本质、发展目标和必要性。

三、信息化背景下的"德与才"的创新提升

信息化背景下的法学教学，突出的特点在于信息的"快"、"新"和"多"。这些特点对于法学教学而言，既是机遇也是挑战。各类在线学习平台和视频平台将获取和传授知识的路径大大拓宽，这要求高校法学教育的教学方式和评价体系都必须发生改变。牡丹江师范学院法学院与中国大学 MOOC（大型开放式网络课程）、智慧树等多个在线学习平台展开合作，线上与线下课堂相结合，完成了信息化背景下的教学改革第一步。

首先，利用中国大学 MOOC 视频等在线学习平台，让学生在课前对知识体系形成基本认知，建立基本的知识线索，并通过学生的提问，使得教师完成课程预设。

其次，在线下的课堂上完善知识体系和社会主义核心价值观的建立，通过讨论题目的设置，让学生通过课堂讨论和课下 MOOC 讨论区的使用两种方式参与讨论，改变传统讨论课占用教学时间的劣势，也可以充分调动所有同学在线收集资料、处理信息的积极性，同时通过参与讨论进一步深化对知识点的积累以及价值理念的提升。

再次，将与课程联系紧密的经典案例、具有时效性的案例在课后向学生发放，

案例的选择可以由教师和学生双向选择，在线建立案例讨论课堂，运用钉钉或者腾讯会议等多媒体手段，利用学生的课后碎片时间完成案例分析，借助案例帮助学生形成辩证思维习惯和正确的价值观导向。同时可以帮助学生体验灵活多样的网络交流、网络诉讼服务、网络庭审等活动，让学生在法律服务数据化的大背景下，在职业角色转变中完成知识的深化，实现知识、思维、价值观的整体蜕变。

最后，结合教学方式的变化，评价方式和评价体系也需与时俱进。多样化、个性化评价，线上与线下评价相结合是改革的方向。利用云班课、MOOC 等在线学习平台完成线上的单元作业和测试，使用 PPT 制作、视频展示、在线口试等多种方式提交作业和完成考试。教师亦将多媒体制作能力、信息处理能力等新标准融合进评价方式之中，形成新型的灵活多样的评价体系。

在这个过程中，学生不仅要面对传统理论知识和实践能力的获取和提升，还需要面对新型多媒体程序的熟练操作能力，信息的多渠道获取、分辨、提炼和总结等处理能力，多媒体技术展示能力等各方面综合素质的锻造。社会主义核心价值观的塑造也在多种教学方式和评价体系的变化下更灵活地结合在知识传授和评价的过程中，把握好信息时代的变化，是"德法兼修"目标实现的重要影响因素之一。

四、精准教学理念下的"德与才"的个性输出

牡丹江师范学院法学院所秉承的精准教学理念，一方面体现在"精准需求"上，即根据本科阶段学生发展的不同需求，从大三开始为学生的教学方向进行"量体裁衣"，通过教学实践中的观察和学生的意愿选择，具体分为两个主要的培养方向——科研型和实践性。有科研需求的学生，为其设置科研方法和理念的传授课程、论文写作课程等，培养基础科研能力和学术规范意识；而有直接就业需求的学生，则为其设置法律文书写作课程、法律诊所课程、法律援助实践课程等，重点培养法学实践能力和法律职业伦理道德。

精准教学理念还体现在"精准个性"上，即针对不同个性的学生采用互动小组、一对一导师制等灵活形式，为不同个性的学生提供课堂外的不同教学引导。有些学生性格腼腆，不习惯在公众场合表达观点，就可以引导其从互动小组任务开始锻炼语言表达能力和组织策划能力；有些学生个性突出不合群，就可以引导其从演讲比赛等个人展示类项目中建立自信以及同学对他的了解和信任，进而一步步培养其团队意识以及合作能力。根据不同的个性、学习态度、行为习惯、学习能力等为学生设计不同的学习方式、课外阅读内容、学习计划、职业规划等。法学院还计划引进"学习者画像"等自适应学习系统，让学生可以对自己每一个学习阶段进行测评，学院和教师也可以结合这些测评结果提供精准定制专属于每一位学生的动态学习计划，并且可以根据不同的学习计划精准规划不同学生的"德育"内容和方式。

牡丹江师范学院法学院始终在"立德树人，德法兼修"这一方针的指引下，结合自身的优势探寻符合本学院发展的改革模式。全院教师在学院明确改革目标的指引下，在实践中不断完善改革措施，以学生为中心，将德育与才育深度融合，借助多媒体信息化技术，力图实现精准教学，培养出符合新时代要求的"德法兼修"的法治人才。

植物标本制作技术课程的思政元素及其作用*

◎ 于　爽　　牡丹江师范学院 生命科学与技术学院

◎ 才忠喜　　牡丹江师范学院 应用英语学院

[摘　要] 阐述植物标本制作技术课程中的思政元素，提出植物标本制作技术课程思政建设之路：通过融入生态文明元素进行生命教育，通过融入劳动教育培养工匠精神，通过融入法制意识进行法制教育，最终达到立德树人、提升学生思想道德修养的目的。

[关键词] 植物标本制作技术；课程思政；教学探索

人才培养是高等教育的基本功能，立德树人是高校的根本任务。[1]习近平同志在全国高校思想政治工作会议上的讲话中指出，要提升思想政治教育亲和力和针对性，思想政治课要在改进中加强。其他各门课都要守好一段渠、种好责任田，使各类课程与思想政治理论课同向同行，形成协同效应。学生在大学学习的全部课程，都具备传授知识、培养能力、提升素质的作用，同时也承担着思想政治教育的功能，可以帮助学生树立正确的人生观、价值观和世界观。本文将挖掘植物标本制作技术课程的思政元素，阐述其隐形德育效果，使显性教育与隐性教育相

---

* **基金项目**：黑龙江省高等教育教学改革项目（SJGY20200744）；牡丹江师范学院学位与研究生教育教学改革研究项目（MSY-YJG-2018YB024；MSY-YJG-2018GG001）；牡丹江师范学院教育教学改革课程思政专项（KCSZ-2020002）。

　　作者简介：于爽（1974—），女，黑龙江宝清人，教授，博士，硕士生导师，黑龙江省第三届植物学会常务理事，主要从事植物生物学的教学和科研。才忠喜（1973—），男，黑龙江人，教授，硕士生导师，主要从事思想政治教育教学和科研工作。

统一，实现立德树人的任务。

一、融入生态文明元素进行生命教育

我国疆域辽阔，生物资源蕴藏丰富，有维管植物近三万种，种子植物约两万五千种，拥有占世界总数 13% 的鸟类资源和占世界总数 10.5% 的哺乳动物资源。教师授课时注重培养学生树立生态文明的理念，将国家绿色生态观、国家生态安全观[2]、"绿水青山就是金山银山""构建人类命运共同体"融入课程教学，要求学生牢记绿色生态的重要性，强调人与自然和谐相处的重要性；要求学生尊重自然，保护自然；要求学生采集标本时不可过度采集，不要破坏植物的生存环境。

无论是参天大树，还是低矮的草本，都是活着的生命体，故植物采集时，要求学生认真观察植物的生活型，营养器官的形态特征、生境、采集地点的环境条件等，思考植物在进化过程中又如何在营养器官和生殖器官形态上发生一些变化以适应多样的环境，提高对逆境的抵抗和耐受性，体会植物的生命力之顽强。通过教师耐心的讲解，使尊重生命成为一种发自内心的感触。

二、融入劳动教育培养工匠精神

劳动是推动人类社会进步的根本力量，2020 年 7 月，教育部在《大中小学劳动教育指导纲要（试行）》中明确指出："劳动教育是新时代党对教育的新要求，是中国特色社会主义教育制度的重要内容，是全面发展教育体系的重要组成部分，是大中小学必须开展的教育活动。"

课程教学中注重工匠精神和科学思维方法的训练，在进行植物腊叶标本的采集、整理、压制、消毒与上台纸的讲解和操作中，培养学生探索未知、追求真理的责任感和使命感。一份植物材料从采集到制成干制标本需要两周左右的时间，反复更换吸水纸的过程中都需要耐心、细心和专心，这样才能制作出理想的植物干制标本，这一过程是培养学生执着专注、精益求精、一丝不苟、追求卓越的工匠精神的有效途径，为学生今后步入职场、服务社会打下良好的职业道德基础。

植物标本制作技术是以引导学生以动手实践为主，野外采集时需要翻山越岭，跋山涉水，遇到很多预料不到的困难和危险。标本的压制、整理过程较为枯燥、辛苦，制成一份腊叶植物标本至少需要2—3周。授课过程中，教师要强化学生的劳动观，在理论与实践结合过程中，帮助学生认识生物、生命、生活，获得积极的价值体验，实现树德、增智、强体、育美的目的。

三、融入美育元素提升审美能力

美是纯洁道德、丰富精神的重要源泉。2019年3月，教育部下发的《关于切实加强新时代高等学校美育工作的意见》中指出："学校美育是培根铸魂的工作，提高学生的审美和人文素养，全面加强和改进美育是高等教育当前和今后一个时期的重要任务。"植物标本既是一件劳动产品、教学用具、科普样品，也是一件艺术品，这就需要制作者不仅具备生物专业知识，还要有感受美、鉴赏美、表现美、创造美的能力，提升学生审美能力、欣赏水平和鉴别能力。讲述"时代楷模"钟扬教授长期致力于生物多样性研究和保护、在青藏高原为国家种质库收集了数万颗植物种子的事迹，引导学生思考如何提高对生活、学业等过程中逆境的耐受能力，讲述我国植物分类学家在走山过程中所经历的艰辛，促进我们国家植物研究的发展，增强文化自信。

四、融入法制意识进行法制教育

对学生进行了科技伦理教育，更好地践行理学类课程的思政教育功能。教会学生学法、遵法、守法、用法。采集植物标本必须遵守2017年新修订的《中华人民共和国野生植物保护条例》、2018年修正的《中华人民共和国野生动物保护法》的有关规定，不破坏野生动植物资源和栖息地。如因科研或文化交流必须采集国家一级保护野生植物，应当按照管理权限向国务院林业和草原局或其委托的行政机关提交申请获得"国家重点保护野生植物采集证"（以下简称"采集证"）。采集国家二级保护野生植物需要向采集地的省级林业和草原主管部门或其委托的行政主管部门申请"采集证"。对于需要采集公园、城市园林或风景名胜区内的国家一、二级保护野生植物或珍稀栽培植物的，也必须先征得该主管部门的同意。采集珍贵野生树木或者林区内、草原上的野生植物的，还要遵照 2019 年修订的《中华人民共和国森林法》、2013 年修订的《中华人民共和国草原法》等有关规定采集。像兰科这样的珍稀濒危植物遭盗采盗挖现象仍时有发生，极大地减少了兰科植物的数量，保护生物多样性不仅是科学家和政府的责任，也是每个公民的责任，一定要遵守职业道德和法律法规，敬畏生命，保护珍稀濒危植物。

课程思政是落实立德树人的重要途径。大学生处于人生观、价值观逐渐形成的时期，更要注重价值塑造，必须将价值观引导于知识传授和能力培养中，使学生在学习专业知识、提高技能的过程中，潜移默化地受到主流价值观的影响，将其内化为理念和行动，实现专业课程的隐形德育作用，提升学生的思想道德修养。

参考文献

[1] 习近平主持召开学校思想政治理论课教师座谈会强调:用新时代中国特色社会主义思想铸魂育人 贯彻党的教育方针落实立德树人根本任务[N]. 人民日报，2019-03-19（001）.

[2] 王春英，仲昭旭. 习近平生态文明思想与生态文化体系建设研究[J]. 牡丹江师范学院学报（社会科学版），2021（01）：40-49.

普通本科高校软件测试课程思政及创新建设探索与实践

◎ 丁　蕊　　牡丹江师范学院 计算机与信息技术学院

◎ 张　岩　　牡丹江师范学院 计算机与信息技术学院

◎ 孙　瑶　　牡丹江师范学院 计算机与信息技术学院

◎ 霍婷婷　　牡丹江师范学院 计算机与信息技术学院

【摘　要】面向普通本科高校一流课程建设，本文以软件测试课程为例，针对普通本科高校大部分学生知识基础相对较弱、学习行为不坚定等学情特点，开展教学内容、教学过程、评价体系的创新，探索"融入课程思政、加强学科竞赛；科研促进教学、建立学习共同体"的创新课程模式，逐渐形成课堂内外、课程前后、以赛促学、科研提升的综合培养模式，实现对各不同层次学生的课内课外长程培养。运行二学年的实践结果显示，这种创新性的课程设计理念为所有同学提供了提升的平台和渠道，也为学生毕业后的发展奠定坚实基础。

【关键词】普通本科高校；课程思政；一流课程建设；软件测试；教学改革

　　* 基金项目：牡丹江师范学院项目（MNUGP202304，1451TD003）和黑龙江省自然科学基金项目（LH2023F037），黑龙江省高等教育教学改革项目（面向工程教育认证的软件工程专业课程群构建研究与实践一般研究 SJGY20220607）。

　　作者简介：丁蕊（1977—），女，满族，辽宁台安人．副教授，博士，主要从事现代教育技术和软件测试研究。张岩（1972—），女，满族，辽宁人，教授，博士，主要从事现代教育技术和软件测试研究。孙瑶（1997—），女，汉族，山东汶上人．硕士，主要从事现代教育技术研究。霍婷婷（1991—），女，汉族，讲师，硕士，主要从事现软件测试研究。

一、引言

2020 年 5 月教育部印发的《高等学校课程思政建设指导纲要》中指明：高校教师的 80%是专业教师，课程的 80%是专业课程，学生学习时间的 80%用于专业学习[1]。高校要紧抓专业课教学"主阵地"，坚持显性教育和隐性教育相统一，深入贯彻专业课程的思政建设[2]。结合 2018 年教育部提出的一流课程和金课建设[3]，近几年，各高校如火如荼地开展优质课程建设与创新。很多"双一流"高校都取得了显著成效，利用在线教育资源平台，优质课程得以推广，课程创新成果为更多课程的建设提供了思路[4-5]。然而，目前面向普通本科高校学生的优质课程建设还相对薄弱。由于知识基础、学习习惯、学习自觉性和目的等差异，很多"双一流"本科课程的难度、深度和学习形式并不适于大部分普通本科高校学生，需要开展面向普通本科高校学生的一流课程建设，在知识技能之外，提供更多学习行为、目标和态度的引导[6-8]。

本文以普通本科院校软件工程专业课程"软件测试"为例，分析教学痛点和软件测试课程特点，结合"以学生为中心、以产出为导向"的教育模式[9]，探索能实现因材施教和长程培养的教学方法，总结出"融入课程思政、加强学科竞赛；科研促进教学、建立学习共同体"的创新教学模式，解决原来课程中无法顾及各类学生、学生实践能力较难提高，以及无法关注学生长期发展的问题。打造以学生为中心的课内课外、课程前后综合培养模式，为培养具有为国奉献、严谨创新及可持续学习能力的软件工程专业人才奠定基础，为学生就业及毕业后的长期发展打下坚实基础。

二、课程的教学现状与痛点

软件测试是软件质量得到保障的最有效手段之一。随着"互联网+"和人工智能技术的发展，软件业迎来了新的浪潮，培养软件测试人才尤为重要[10]。我校软件测试课程以知识技术为载体，以培养创新思维为核心、以开拓知识广度为基础、以提高实践能力为目标，为学生将来从事实际软件测试工作和进一步深入研究打下坚实的理论和实践基础。该课程理论性和实践性均较强，传统的教学方式难以取得较好的教学效果。尤其是对于普通本科高校的学生来说，大部分学生学习能力处于中等水平，学习目标不清晰，学习过程中需要更多鼓励并调动其积极性。

（一）学情分析

结合前导课程成绩、任课教师评估以及 263 份学生问卷调查分析，结果发现：

（1）有约 37% 的同学学习目标清晰，方向明确且能自主学习，学有余力但不知如何继续深入。

（2）有约 52% 的同学能按教师要求完成明确的课堂任务，有进一步提高的意愿，但需外力推动，难有主动行为，学习行为难以坚持。

（3）有约 8% 的同学对软件工程专业不感兴趣，仅能勉强完成任务。

（4）还有约 3% 的同学没有方向和目标，对学习没有兴趣。

产生以上学情的主要原因在于，经过本门课程的前导课程的学习，学生对专业知识掌握程度不同，导致在后续课程学习上存在一定差距，需要在教学中思考提高不同类型学生能力的教学策略。

（二）教学痛点

针对以上学情分析，结合教师以往授课体验，总结出如下教学痛点：

痛点一：教学对象方面。学生的学习意愿、动机和目标各不相同，常规教学方法和培养策略很难兼顾到所有学生，照顾不到的少数同学在课程内容上越落越多，极易滑坡为学困生，而学有余力的同学又期待能在学习上进一步深入。可见，传统授课形式不利于学生的针对性教育。

痛点二：教学内容方面。依赖某本选用教材为主体的教学内容设计，理论知识更新较慢。目前学生获取知识的途径日益多样，仅仅依靠多年前的教材内容，易造成知识供求不平衡，而且较难提高学生的实践技能。

痛点三：关注重点方面。重点关注在课堂和课程学习过程中对学生的教育，很难做到对学生学习目的、人生方向以及毕业后成长的长期培养。

三、教学创新与举措

（一）教学内容创新

1. 学科竞赛促进职业对接的内容创新

本课程相对应的学科竞赛是"全国大学生软件测试大赛"，该比赛由教育部软件工程专业教学指导委员会、中国计算机学会软件工程专业委员会等多个机构联合举办。将竞赛所需基础技能纳入教学中，在理论教学中结合学科竞赛内容讲解测试技术，使学生在常规教学中学习竞赛涉及的技术，学习目标明确，在实现教学内容的竞赛创新的同时，激发了学生的学习动力与热情。由于竞赛按照行业企业软件测试岗位真实工作过程设计竞赛内容，将"大学生软件测试大赛"所需技能训练纳入课程实践教学中，实现课程内容与职业要求对接，最大限度地匹配与适应企业用人需求，促进产教融合，有效培养学生的实践能力。

2. 科研促进教学的内容创新

将团队老师在软件测试方向发表的核心期刊论文内容，与原有授课内容有机结合，融合知识点介绍科研创新点及创新思想的由来，拓展知识广度与深度，引导学生在技能学习的过程中探索软件测试技术的新思路。例如，在讲到白盒测试的路径覆盖测试时，结合教师所发表的相关论文"基于赫夫曼编码的路径表示新方法"讲给学生，将数据结构课程的赫夫曼编码应用到程序路径表示中，引领学生多课程、多学科之间交叉创新，帮助学生理解知识点，吸引学生学习兴趣。在实验教学中，将科研所需的实验进行简化和改良，逐步引导学生参与到教师的科研课题中，促使学生从开始的帮助老师做实验，到逐渐和老师一起探讨学术问题，与老师合作发表学术论文，实现教学内容与科学研究的对接。

（二）教学过程创新

采用教师主讲、精品课视频学习、小组讨论、学生展示、对分课堂等教学方式开展丰富的教学活动。教师主要负责讲解课程框架结构、抛引知识点、帮助梳理知识点的关系并在学生掌握之后总结并引导探索，学生自主视频学习具体知识点，并开展小组讨论深入理解与实践，解决教师指定的具体问题，以验证知识掌握情况。在生生互动的小组讨论中，知识能够以学生更易理解的方式由同学讨论而展现，学生也能在展示过程中进一步加深对知识的理解。当遇到难以理解的问题，或小组成员能力相对较弱时，教师将进行适当的提示和讲解，在循序渐进的教学活动中，使学生成为自主学习者。在知识内容的学习之后，采用对分课堂的方式使学生自我总结，激发学习内驱力。具体的教学过程如图 1 所示。

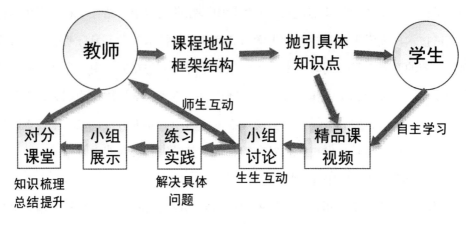

图 1　创新性教学过程

（三）评价体系创新

软件测试课程注重在学习理论的基础上，培养学生的实践能力，单单靠期末的总结性评价不能体现学生的真实水平[11]。因此，我们在评价体系中加入过程性评价进行考核。课程采用课内课外、线上线下、学评师评、过程性与终结性评价相结合的方式，考评项目综合多样。在过程性评价中，既包括课堂内的课前提问、课中练习、课堂参与度、小组展示，也包括课堂外的线上作业、项目驱动的小组探索及学科竞赛。在小组展示、作业中的主观设计题目和小组展示中，设置学生自我评价和同伴互评环节。授课过程中以客观题目为主设置单元测试、期中测试，学期末进行期末测试。课内知识掌握及学习态度表现、课外自主学习及所有测试共同构成终结性评价，能够全面评价学生学习态度、知识技能及解决问题的综合能力。此外，课程要求全体学生参加全国软件测试大赛线上预选赛，将预选赛作为平时成绩考核的一个重要组成部分，将学科竞赛融合到教学过程中，实现学习过程和评价体系的创新，提升学生整体的实践水平。具体的评价方案如表1所示：

表1　评价方案

项目	考评类型	设置目的	题目类型	分值比例（%）
课堂内	课前提问	复习上节内容	客观题	5
	课中练习	检验本节掌握情况	客观题	5
	课堂参与度	了解学生课堂内的学习态度和效果	签到，单独回应或群体回应	10
	小组展示	推进小组活动，实现知识共享和成果验收	学生结合PPT讲解其小组项目进展、知识方法及成果	5
课堂外	线上学习	促进课外学习	视频学习及线上讨论等	5
	线上作业	检验解决问题的综合能力	主观设计题	20
	小组探索及实验报告	检查自主探索主动学习及合作完成指定任务的情况	围绕项目的学习能力及效果全面考评	15
	学科竞赛	促进参加全国竞赛	主观设计及实践操作	5
测试	单元测试	各单元后考查知识掌握情况	客观题	5
	期中测试	考查课程进行一半时对知识的掌握情况	客观题	5
	期末测试	所学内容的整体考查	客观题+设计题	20

（四）建立学习共同体

建立学生课堂学习共同体、课外学习共同体，推动学生持续进步。

1. 课堂学习共同体

针对授课班级小部分学生专业基础薄弱的痛点，建立小组学习共同体以强带弱。在课程初始时摸底结组，将学优生与其他各不同学习层次的同学结成5人左右的纵横项目小组，纵向小组成员共同完成某项指定任务并展示，横向小组成员探讨相应的技术问题，组内成员分工协作，以强带弱相互配合，以项目驱动共同完成指定任务，课程结束时小组内所有成员都能完成基本技能任务，实现团队成员的共同成长。图2显示纵横组的组织方式。

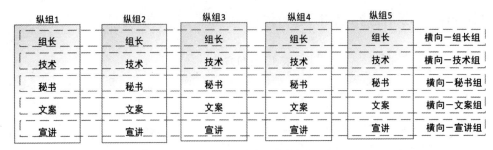

图 2　纵横组组织方式

2. 课外学习共同体

针对不同年级学生技能提升需求，成立课外软件测试兴趣班，利用课余时间以老带新的方式通过钉钉直播和集中实验开展培训，每周活动由高年级学生设定竞赛任务或讲解，新生做题攻擂，开展协同共进的学习模式，持续的训练使新老生的软件测试和软件开发的能力均不断提高。有效培养了学生自主学习能力。老生在为新生培训的过程中实现了对知识的梳理，也训练了表达能力，新同学逐渐培养计算机的思维方式，为次年的课程学习和比赛做积累，团队内部自适应发展形成良性循环和稳定的学习共同体。软件测试兴趣班的成立不仅为软件测试大赛培养高质量选手，也为有学习热情和意愿的同学提供了进一步提高的学习渠道，实现了课程结束之后的长期培养。

（五）融合多种信息技术

现代化教学手段辅助教学，提高教学效率。运用翻转课堂和项目驱动的教学方式，学生在课堂之外仍将探讨学习。如基于 MOOC 和超星尔雅平台建设线上教学资源，便于学生及时预习及复习，作业库和习题库的建立为自动化考试提供技术便利。课前使用超星学习通等平台辅助教学，实现签到、提问、学习状态统计等的自动化操作；课中采用慕测网站的实验平台开展竞赛培训和练习；课后采用钉钉课堂、腾讯课堂、腾讯在线会议、微信群、QQ 群等直播方式便于师生交流与兴趣班培训等。借助此类现代化教学手段，融合多种信息技术，为学生在课前、课中与课后的自主学习提供平台和资源，实现自助教学。

（六）融合思政元素

教学中还将思政元素融入学生竞赛、科研及兴趣班等全部活动过程中，将思政内容外化为具体的学习行动。通常参加全国性学科竞赛激发爱校热情，增强对国家振兴的责任感，取得的成绩又增强了学生的信心；通过建设学习共同体感受团队精神与协作共赢；通过科研活动培养解决复杂问题的思维方式和创新意识。表2列举了基于课程思政的软件测试教学部分内容设计。

表 2　基于课程思政的软件测试教学内容设计

章节名称	教学内容	教学时数	考核要求	思政元素
软件测试计划与策略	软件测试计划；软件测试策略；软件测试过程；软件自动化测试介绍等。	4	软件测试原则、模型、过程与策略。	辩证法：正确认识国家发展过程中遇到的问题，不断地发现问题、解决问题。策略与方法：理解国家的方针政策，训练学生有计划、有步骤、有方法地解决问题的思维方式。
黑盒测试	黑盒测试法的概念；等价类划分法；边界值分析法；因果图法；决策表法；错误推测法及测试方法选择。	10	各种黑盒测试方法的灵活运用。	工匠精神：培养学生科技强国的意识和敬业、精益、专注、创新的工匠精神，不断更新知识与技术。科学精神：培养科学探索精神，体会理论指导实践，从实践中总结经验理论。

四、课程的教学效果与评价

整体的教学方法和模式在教学中不断完善改进。除学生群体成绩进步之外，也已在学科竞赛和科研方面取得成绩，并促进了就业。

（一）学科竞赛获奖

教学团队自 2018 年开始组织学生参加全国大学生软件测试大赛，参赛人次从首次的 22 人次增加到 2020 年的 201 人次，学生的参赛积极性不断提高。参赛三年来累计获奖 42 人次，2020 年就获奖 27 人次，参赛人数和得奖人数都位于省内高校前列，这种工科类竞赛成绩对于普通本科师范类院校来说并不容易。竞赛成绩极大地激发了学生们的学习和竞赛热情。图 3 显示近三年获奖数量变化图，由图 3 可知，尽管 2020 年因疫情导致参赛人次减少，但获奖总数呈上升趋势。

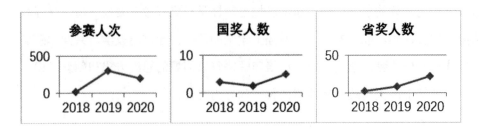

图 3　2018—2020 年全国大学生软件测试大赛参赛数据图

（二）学生创新成果

在授课过程中加入教师的科研内容，引领学生进入研究领域。近两年来有多名同学参与教师科研项目，学生在参与论文撰写及软件著作权方面的创新成果已实现零的突破，已形成极少数学生带头、部分学生参与的良好局面，虽然这些成绩对于很多高校而言微不足道，但对于没有计算机及软件工程专业研究生的东北普通师范类高校来说，也并不容易。学生创新成果数量如图 4 所示。

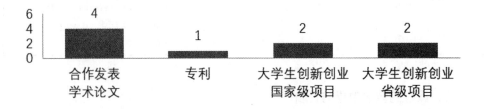

图 4　学生创新成果数量

学生在学科竞赛和科研中取得的成绩，促进了就业工作。在软件测试国家赛的赛场上，获奖的同学还没毕业就已与企业达成就业意向，甚至签订就业协议。在考研的复试中，参与科研的经历和成果为同学们争取了更大机会。在纵横组中训练的文案、表达和展示的能力，也为学生在教师资格证和公务员考试中赢取高分提供有效助力。以上成果表明，我们提出的教学创新模式与方法能够有效地提高学生的专业素质和综合能力。

五、结语

面向普通本科高校的一流课程建设，本文以软件测试专业课程为例，对教学内容、教学方法、教学过程和考核方式等方面进行深入探讨。根据学情和教学目标更新教学内容、创新教学模式，通过全国性的学科竞赛、科研活动和软件测试兴趣班等形式，使不同学习程度的学生可以参与不同类型的活动。在整个教学过程中融合思政元素，将其外化为日常学习和训练行动，逐渐形成课堂内外、课程前后、以赛促学、科研提升的综合培养模式，关注学生在课堂外和课程结束后的学习成长，最终实现以学生为中心的因材施教和长程培养。运行二学年的实践结果显示，这种创新性的课程设计理念为所有同学提供了提升的平台和渠道，也为学生毕业后的发展奠定坚实基础。

参考文献

[1] 教育部. 教育部高等教育司负责人就《高等学校课程思政建设指导纲要》答记者问［EB/OL］. http://www.moe.gov.cn/jyb_xwfb/s271/202006/t20200604_462551. html.

[2] 吴鸿韬，翟艳东，李智. 软件测试技术课程思政教学的探索与实践[J]. 计算机教育，2021，313（1）：89-92.

[3] 吴岩. 全面把握形势，全面振兴本科教育，全面发挥教指委作用[R/OL]. http://wx.china.com.cn/scene/content/article/straight/7773.

[4] 司马朝坦，鲁平，孙琪真，等. 一流工程学科"金课"课程改革模式构建——以华中科技大学"光纤光学"为例[J]. 高等工程教育研究，2020，184（5）：183-188.

[5] 江雪情. 从"线上金课"窥视中国高等教育"金课建设"质量[J]. 现代大学教育, 2019, 180（6）: 36-41.

[6] 吴岩. 建设中国"金课"[J]. 中国大学教学, 2018, 340（12）: 4-9.

[7] 陈翔, 韩响玲, 王洋. 课程教学质量评价体系重构与"金课"建设[J]. 中国大学教学, 2019, 345（5）: 43-48.

[8] 余文森, 宋原, 丁革民. "课堂革命"与"金课"建设[J]. 中国大学教学, 2019, 349（9）: 22-28.

[9] 顾佩华, 胡文龙, 林鹏. 基于"学习产出"（OBE）的工程教育模式——汕头大学的实践与探索[J]. 高等工程教育研究, 2014, 144（1）: 27-37.

[10] 殷莉, 代劲, 刘玲慧. 软件测试课程教学模式的思考与探索[J]. 科教导刊（中旬刊）, 2019, 395（35）: 113-114.

[11] 柯铭, 张聚礼. 项目驱动模式在软件质量保证与测试课程教学中的改革探索[J]. 教育教学论坛, 2020, 447（1）: 164-165.

大思政背景下英语翻译课程思政实施路径研究*

◎ 张林影　　牡丹江师范学院 应用英语学院

[摘　要]党的十八大以来，打造"大思政"格局成为新时代高校思想政治工作的重要任务。如何在英语翻译教学中践行习近平总书记提出的"把思想政治工作贯穿教育教学全过程，实现全程育人"的思想，在英语翻译教学改革实践中不断探究"课程思政"的具体做法，使英语翻译教学发挥将专业知识转化为信仰的催化剂作用，是一个值得全面深入探究的课题。充分挖掘英语翻译课程中的思想政治教育资源，在英语翻译教学中导入中国主流媒体对时事新闻的英文报道，融入中国元素，对学生进行意识形态引导，实现"课程思政"与英语翻译教学的无缝对接，有助于培养既具国际视野又具家国情怀的翻译人才，是国家培养一批政治素质过硬的国际专业人才战略目标的有力保障。

[关键词]大思政；课程思政；翻译；英语翻译教学；翻译人才

中国特色社会主义已迈进新时代。夺取中国特色社会主义的伟大胜利，中国需积极参与全球事务和全球治理，推进"一带一路"倡议的实施，促进人类命运共同体的构建。如此，需要培养一批能熟练运用英语，通晓国际规则，既具家国

* 基金项目：2019 年度黑龙江省哲学社会科学研究规划一般项目"东北抗战英文文献翻译与研究"（19DJB012）；黑龙江省教育科学"十三五"规划 2020 年度重点课题"大思政背景下英语翻译教学中课程思政实施路径研究"（GJB1320374）；2020 年度黑龙江省教育厅基本科研业务费项目"满铁剪报有关东北抗战英文资料翻译研究"（1355JG008）；牡丹江师范学院英汉笔译课程思政教学改革专项立项（KCSZ-2020016）。
作者简介：张林影（1979一），女，黑龙江牡丹江人，硕士，牡丹江师范学院应用英语学院副教授，硕士生导师，从事翻译理论与实践研究。

情怀又具全球视野的政治素质过硬的英语翻译人才。英语翻译课程作为中西思想与文化交融、交锋较为激烈的领域，为西方意识形态渗透提供了便利。学生的人生观、价值观很容易受到西方意识形态的负面影响，出现价值观的混乱。在国家提出"大思政"的背景下，从思政课程之外的其他专业课程中挖掘思政资源，融入爱国主义教育，英语翻译课程教学无疑是最为合适的土壤。在新时代和新国际形势下，英语翻译教育事业面临着新要求和新挑战。英语翻译教学要继续服务改革开放，更加注重服务经济、文化走出去，服务中国参与全球治理和构建中国国际话语体系[1]。面对新国际形势，将习近平新时代中国特色社会主义思想融入英语翻译课堂，增加英语翻译课程教学中的思政内容，对学生进行人文素养教育，结合英语翻译专业特色立德树人，是英语翻译人才培养的必要举措，具有重要的现实意义和价值。

一、"大思政"育人理念与课程思政的提出

（一）"大思政"育人理念

高校思想政治工作需要打造"大思政"育人新格局，"各门课都要守好一段渠、种好责任田[2]"。党中央明确提出要构建"大思政"格局，将思想政治工作贯穿高校教育教学全过程，发挥价值引领作用，该理念成为党的十八大以来新时代高校思想政治工作的重要任务。中共教育部党组于 2019 年 9 月 3 日印发《"新时代高校思想政治理论课创优行动"工作方案》通知，其中第二十四条提道："完善高校思政课建设格局。积极建设'思政课程+课程思政'大格局，制定专项工作方案……" [3]因此，"大思政"育人理念就是指在坚持思想政治理论课主阵地作用的基础上，完善思想政治教育，坚持以习近平新时代中国特色社会主义为核心指导思想，通过建立多元联动、高效联通的体制机制等手段，以培养政治素质过硬、知识领域宽广、既具国际视野又有家国情怀、能担当民族复兴大任的时代新人和德智体美劳全面发展的社会主义建设者和接班人为根本目标的教育教学理念。

（二）"课程思政"的提出

"课程思政"是"大思政"理念在课程教学中的具体呈现。"课程思政"这一概念是 2014 年由上海市教育委员会率先提出的。2016 年，上海高校的改革经验被纳入中央 31 号文件。习近平总书记在 2016 年 12 月 7 日至 8 日召开的全国高校思想政治工作会议上强调要"把思想政治工作贯穿教育教学全过程，实现全程育人、全方位育人……各类课程与思想政治理论课同向同行，形成协同效应[4]"。2017年 12 月 4 日，教育部党组发布《高校思政工作质量提升工程实施纲要》，提出"要统筹推进课程育人，大力推动以'课程思政'为目标的课堂教学改革……梳理各门专业课程所蕴含的思想政治教育元素和所承载的思想政治教育功能，融入课堂教学各环节，实现思想政治教育与知识体系教育的有机统一"[5]。2019 年 3 月 18日，习近平总书记在学校思想政治理论课教师座谈会上发表的重要讲话中提道："要坚持显性教育和隐性教育相统一，挖掘其他课程和教学方式中蕴含的思想政治教育资源，实现全员全程全方位育人"[6]。

二、英语翻译教学中开展"课程思政"的必要性

面对世界范围内多元价值交织、渗透的新形势，在社会主义核心价值观与西方所谓的"普世价值观"激烈竞争的复杂背景下，英语翻译专业学生面临着西方价值观与文化思潮的冲击，部分学生存在价值取向扭曲、社会责任感淡薄、政治信仰模糊等不同程度的主流意识形态认同问题。由此，在英语翻译教学中开展"课程思政"显得尤为必要。

（一）英语翻译"课程思政"建设为实现国家培养政治素质过硬的国际专业人才战略目标提供保障

高校英语翻译专业是为中国特色社会主义建设事业培养高级英语翻译人才的主阵地。英语翻译专业学生身肩"让中国了解世界"和"让世界了解中国"的重任，因此，具备高超的翻译能力和职业素养的同时，更要具备过硬的政治素质和道德修养。而为了培养高超的翻译能力，就必须大量输入目的语语言文化。任何语言都会传递某种价值取向和意识形态。因此,学生在学习英语翻译的过程中,也在习得一种新的思维方式、一套新的文化价值体系,英语所蕴涵的文化价值观和意识形态必然会对其产生影响。因此,教师在帮助学生提高英语翻译能力的同时,有必要挖掘英语翻译课程中蕴含的思想政治教育元素,以消解外来意识形态和价值观对英语翻译专业学生的渗透和负面影响,确保培养出的学生在参与涉外活动时,不仅能出色地完成翻译任务,更能维护国家尊严,时刻保持坚定的政治立场和强烈的爱国热情;坚持"中国特色社会主义道路自信、理论自信、制度自信、文化自信"[7],最终成为翻译能力高超,政治素质过硬,既具国际视野又有中国情怀的英语翻译高级人才。

(二)英语翻译"课程思政"建设是讲好中国故事的基础

2016 年,王守仁教授在解读《大学英语教学指南》时指出:今天的外语学习,除了当初的目的,还要通过外语传播中国思想、中国学术和文化[8]。在与西方人交往过程中,很多中国人往往无法用英语准确流利地阐述中国文化,无法做到母语文化的准确输出,只能被动接受西方文化信息的输入,于是出现了"中华文化失语症"。新时代赋予英语翻译教学新的使命,即创造性地将"中国道路""中国文化""中国外交"等元素融入英语翻译课程教学之中,培养学生用英语"讲好中国故事,传播中国声音"的能力。近年来,为服务国家未来向国际组织输送国际专业人才和"一带一路"顶层设计的长远规划目标,要求我们在注重培养学生英语翻译能力的同时,通过开展英语翻译"课程思政"使学生深刻理解、精准把握"中国道路"和"中国外交"的内涵,熟悉中国国策,了解中国政治、经济、文化和社会体制,帮助学生做好"中国元素"的英文储备,以便未来在国际舞台上能熟练地运用英语阐释国家政策,维护国家利益和尊严,向世界展现真实、立体、全面的中国,提高中华文化影响力[9]。

三、英语翻译教学中"课程思政"的实施路径

思想政治理论课作为思想政治教育显性课程的核心地位不能动摇,但思想政治教育隐性课程的育人功能也不容忽视。英语翻译课程的特殊性决定了其在思想政治教育中扮演着关键角色，具有自身独特的育人优势。英语翻译课程将思想政治教育功能"隐身"于其整个教学活动过程中，在翻译理论和翻译实践教学过程中强调主流价值的引领作用，对学生的人生观、价值观和职业道德素养进行潜移默化的影响，从而形成正确的价值观，树立坚定的理想信念，使学生在学习过程中领会教育的意义。因此，在英语翻译课程中开展"课程思政"具有重要意义。

（一）通过导入时事新闻的英文报道开展英语翻译"课程思政"

可以通过在英语翻译课程中导入时事新闻的英文报道，对学生开展国情政策、家国情怀、政治素养、理想信念、价值观念、职业素养教育。向学生推荐中国日报英文版、新华网英文版及 21 世纪报等国内主流媒体英语新闻网站。这些媒体从中国的视角报道国内外重大事件，稿件内容丰富，报道有深度，更新及时，让学生通过国际视野学习平台了解天下事的同时，对学生进行主流意识形态的教育。

1. 利用时事政治新闻开展英语翻译"课程思政"

教师可以在党的全国代表大会和"两会"召开期间，将有关会议的中英双语对照新闻报道作为英语翻译课程的学习材料，向学生介绍会议相关热点词汇及其英文表达，同时通过班级微信群、微信公众号、微博等向学生推送会议相关资料，鼓励学生跟踪国内热点话题，使学生通过翻译时政新闻提高翻译实践能力的同时，了解中国特色政治体制表达的相应英文表述，潜移默化地将新时代中国特色社会主义理论、党的执政理念、党领导下的国家在各领域取得的伟大成就等国情国策、国体政体内容融入英语翻译课堂，使学生关心国家大事，了解形势政策，实现英语翻译教学的国情政策、家国情怀和政治素养教育。

2. 利用时事热点新闻开展英语翻译"课程思政"

教师也可以将中国日报英文版、新华网英文版及 21 世纪报等主流新闻网站关于 2015 年"也门撤侨"、2018 年"日本台风，'中国式撤离'"等展示中国大国风范的热点时事新闻报道在事发时作为英语翻译课程的翻译材料推送给学生，让学生在翻译实践中感受祖国的强大，激发学生的民族自豪感和爱国热情，树立正确的理想信念；在"川航5·14事件"发生当天，将中国主流新闻媒体英文网站关于该事件的报道作为学生翻译实践材料，让学生通过翻译练习了解四川航空8633号航班的英雄事迹，从英雄事迹中学习英雄精神，感受机组人员对航空安全的政治担当、严谨科学的专业精神、团结协作的工作作风和敬业奉献的职业素养。让学生在翻译实践中接受理想信念、价值观念和职业道德教育，形成良好的翻译职业素养，培养高尚的翻译职业道德。

（二）通过融入中国元素开展英语翻译"课程思政"

还可以通过为学生布置课外翻译材料以拓展思想政治教育的深度和广度，来开展英语翻译"课程思政"。例如，可以借助《中国日报》《人民网》《新华网》《中国经济网》等国内权威媒体的英文版网站，选择具有教育意义的英文新闻报道作为英语翻译课程的课外翻译材料，特别是向学生推荐以上主流媒体报道的、中英文对照的有关中国纲领性文件及有关政治文化活动的媒体评论作为课外阅读材料，以此来促进学生对国情的了解，丰富思想政治教育的内容，多渠道提升学生的思想政治意识。通过阅读以上材料，要求学生了解中国的政治机构或相关文化组织机构名称，熟练掌握有关国家政策、国家政治、经济、文化、社会体制的专业术语及关键词的权威翻译，例如："五位一体"（the Five-sphere Integrated Plan）、"四个全面"（the Four-pronged Comprehensive Strategy），"新时代中国特色社会主义"（Socialism with Chinese Characteristics for a New Era）、"人类命运共同体"（a community with a shared future for mankind）、"一带一路倡议"（the Belt and Road Initiative）等，知晓其翻译背后的意识形态传播问题。向学生推荐《习近平谈治国理政》的双语版作为课外阅读材料，以此提高学生对中国元素英语表达的敏感度，提升其进行中国文化外宣的精准表达能力。也可以推荐学生观看由中国国际电视台、新华网、中国日报网等电台或新闻网站播出或发布的英语新闻时事报道或对国家政策最新解读的视频材料或英文文本，使教学资源既紧跟时代发展，又具理论深度。鼓励学生在提高翻译实践能力的同时，了解中国共产党和社会主义现代化建设的相关知识，充分储备中国文化和中国特色的词语或表达，为讲好中国故事奠定扎实的基础。

（三）通过意识形态引导开展英语翻译"课程思政"

作为交流工具和文化载体的语言同时还具有传播意识形态的功能。语言使用者不可避免地受其所处社会的价值观、理想信念、社会文化思想体系等意识形态因素的影响[10]。新闻媒体作为国家喉舌的功能将新闻语言打上了意识形态的深深烙印。随着全球一体化进程的推进，英语作为国际主流媒体语言显得日益重要。以英语新闻为主导的国际舆论充斥着人们的生活，甚至操纵着人们的意识形态[11]。由于意识形态和国家立场的差异，西方媒体在涉华报道中始终未摆脱"中国威胁论"，用"专制""野蛮""落后"来描述中国[12]，抹黑中国形象，借民主、人权来打压中国，采用双重标准。而进行新闻编译的目的在于确保新闻译文符合目的语社会主流文化意识形态和目的语读者的认知期待[13]。因此，可以通过引导学生在涉华英语新闻翻译过程中对英语新闻意识形态进行恰当转换，使其符合中国主流意识形态和政治立场，塑造良好的中国形象，以此来开展英语翻译教学"课程思政"。

此外，要引导学生深度挖掘外媒新闻背后隐藏的意识形态问题。随着中国经济的飞速发展，中国在国际事务中扮演着越来越重要的角色。由于文化和意识形态差异，出于利益考虑，对同一事件，世界各国会选择不同的视角进行渲染、评论与报道，掺杂着各自浓厚的意识形态。通过分析中国和西方国家权威媒体对涉华问题的报道，了解中西方文化背后蕴含的不同话语思维与逻辑，引导学生理性梳理西方涉华报道潜藏的意识形态问题，还原西方媒体的真实用意，并能从中西方不同的文化视角出发，客观中立地看待中西方政治、经济、文化和社会现象，学会理性思考，具备批判意识，不允许任何西方媒体扭曲事实，不被西方报道误导，时刻维护国家形象、捍卫国家尊严。

四、结束语

高校是培养人才的摇篮，也是大学生接受思想政治教育的主阵地。随着全球化的不断深入，英语翻译作为文化沟通的桥梁，在促进世界各国文化交流、维护文化多样性方面发挥着日益重要的作用，但同时也为西方意识形态的渗透提供了便利。在西方价值观与文化思潮的冲击下，部分学生出现政治信仰模糊、社会责任感淡薄、价值取向扭曲、荣辱观念混乱、个人道德滑坡等问题。因此，必须充分挖掘英语翻译课程中的思想政治教育资源，开展英语翻译"课程思政"，以此来消解学生在英语翻译学习中西方意识形态带来的负面影响，确保培养出的英语翻译人才不但翻译能力超强，而且政治素质过硬，既具全球视野又不失人文关怀，为实现中华民族伟大复兴的中国梦贡献青春力量。

参考文献

[1]黄友义.服务改革开放40年，翻译实践与翻译教育迎来转型发展的新时代[J].中国翻译，2018（03）：5-8.

[2]习近平.习近平谈治国理政（第二卷）[M].北京：外文出版社，2017：378.

[3]中共教育部党组.中共教育部党组印发《"新时代高校思想政治理论课创优行动"工作方案》.[EB/OL].中华人民共和国教育部政府门户网站，http://www.moe.gov.cn/srcsite/A13/moe_772/201909/t20190916_399349.htm.

[4]习近平.把思想政治工作贯穿教育教学全过程，开创我国高等教育事业发展新局面[N].人民网，2016-12-9.

[5]中共教育部党组.关于印发"高校思想政治工作质量提升工程实施纲要"的通知[Z].教党〔2017〕62号文件，2017-12-4.

[6]习近平.用新时代中国特色社会主义思想铸魂育人，贯彻党的教育方针落实立德树人根本任务[N].新华网，2019-3-18.

[7]习近平.习近平谈治国理政（第二卷）[M].北京：外文出版社，2017：36.

[8]王守仁.《大学英语教学指南》要点解读[J].外语界，2016（03）：4.

[9]习近平.举旗帜聚民心育新人兴文化展形象更好完成新形势下宣传思想工作使命任务[N].新华网，2018-8-22.

[10]姜海清．意识形态对翻译活动的操控[J]．苏州大学学报（哲学社会科学版），2007（04）：86-88．

[11]王泽霞，杨忠．英语新文化与意识形态分析模式研究[J]．东北师大学报（哲学社会科学版），2008（03）：138-142．

[12]朱伊革．《习近平谈治国理政》英译与中国形象在海外的传播[J]．西安外国语大学学报，2018（02）：89-93．

[13]徐英．新闻编译中名物化改动与意识形态转换[J]．中国翻译，2015（03）：90-94．

"大思政"视域下日语"双思课程"的构建*

◎ 孙瑞雪　　牡丹江师范学院 东方语言学院

[摘　要] 通过日语"双思课程"（课程思政和学科思维）概念的提出，引出日语课程构建问题。从日语课程思政的设计理念、日语思政元素的捕捉以及课程实施过程的探讨入手，探究打造日语"双思课程"的可行性，以实现日语学科的育人价值。

[关键字] 双思课程；课程思政；日语教学；日语思维

一、日语课程思政设计理念

习近平总书记在全国高校思想政治工作会议上强调："要用好课堂教学这个主渠道，思想政治理论课要坚持在改进中加强，提升思想政治教育亲和力和针对性，满足学生成长发展需求和期待，其他各门课都要守好一段渠、种好责任田，使各类课程与思想政治理论课同向同行，形成协同效应。"习近平总书记的这番讲话标志着我国高校教育工作正迈向一个崭新的战略定位，并预示着思想政治教育在高校将会以多维度、立体化、全方位角度进行。高校的思想政治教育即将进入崭新的历史阶段，并被赋予全新的历史使命。

课程思政之根本是立德树人，即在传授知识内容的同时渗透思想政治元素，

---

　* **基金项目**：牡丹江师范学院课程思政教育改革项目"基础日语"（KCSZ-2020023）；牡丹江师范学院课程思政教育改革项目"日本文化学史及名著选读"（KCSZ-2020043）。

　作者简介：孙瑞雪（1981-），副教授，硕士生导师。曾发表论文20余篇，出版著作3部，研究项目5项。

以此打造一种全新的综合性教育课堂。1997 年明尼苏达大学的黛安·J. 泰迪克
（Diane J. Tedick）提出语言教学的六个基本概念：即语境、真实、过程、反思、
互动和整合。这就意味着语言教育不仅包含语言本身的教育，更涵盖了语言背后
的思想教育、文化教育以及人文教育。语言教育核心中的"微观探究与宏观把控"
要求学生能够观察事物的细节，同时掌握语言整体结构；"理论学习与实践应用"
要求学生能够将所学知识应用到实践中，以达成应用人才培养的目标；"知识掌握
与人文素养"要求学生学习语言的同时，更要不断地提升个人素养、辨识能力和
自我修养。

以"立德树人"为目标的日语课程思政教学，需挖掘日语课程思政元素，培
养学生"核心价值"以适应当前以及未来社会发展。日语思政教学需结合"四观"
进行设置，即"学科价值观""课堂教学观""课堂知识观""评估发展观"。日语
思政课堂的教学设计需以"四观"为中心，充分发挥教学中的育人功能。将日语
语言知识作为教学载体，结合素养培育，利用适当的教学手段和教学策略，构建
课程思政和日语思维培养有效结合的课堂模式（简称"双思课程)。同时，选定科
学的评价标准评价学生思政与思维的水平。

构建"双思课程"需探讨以下三方面的问题：

（1）选择怎样的思政元素、以何种方式融入教学；

（2）选用何种教学模式进行教学；

（3）如何评价学生思政与专业思维水平。

二、日语课程思政元素

语言作为文化的载体，不仅包含语言本身的相关知识，更融合了人文和文化
要素。因此，外语教学的目标不仅是培养学生的语言知识技能，更是培养学生跨
文化交际思维。

（一）文字元素

日语中的文字包括汉字、平假名、片假名和罗马字母，其中汉字、平假名和

片假名的溯源都是中国的汉字。在上古时期日本没有自己的文字，自 4 世纪我国"渡来人"的出现，至 8 世纪日本出现记载文学，日本文字的发展都受到中国汉字的影响。日语的汉字源自中国的汉字，日语的平假名源自中国汉字的草书、日语的片假名源自中国汉字的偏旁，这些全都映射出中国的汉字对日本文字发展的影响力，这一点在《基础日语》教学中便可作为课程思政元素进行课堂渗透。通过该元素的渗透能够建立学生的自信心，提升学生的自豪感和爱国情怀。

近几年，随着全球化发展的进程，越来越多的外来语进入到汉语和日语的词汇中，进一步促进两国语言的发展，以此作为课程思政的元素，让学生在今后的日语学习中拓宽视野，以爱国情怀辨别真伪，吸收和学习新知识，这也是基础阶段思政课程教学的典型案例。

（二）文化元素

日本有许多文化源自中国，如二十四节气、和服的设计和款式、七夕节和中秋节等传统节日以及相应的传统习俗。因此，日语教学在注重日语专业知识和技能传授的同时，还要注重思政教育的资源，特别是文化元素的探寻。在日语专业主干课中的阅读、概况、会话以及翻译课程中都会出现文化元素。这些文化元素本身可以体现中国文化对日本文化的影响之深远、中国文化渗透力之强大。同时，也能够反映出中日两国的交流源远流长、两国历史渊源深厚。通过这些思政元素的渗透和反观，能够提升学生的文化自觉性和自信心，达到提升爱国主义情怀的目的，这也是课程思政的教学目标。

（三）文学元素

日本文学史和日本名著选读两门课程是日语专业的选修课，此类课程以培养复合型、应用型日语人才，提高学生的文学修养为目的。日本有两位作家曾荣获过诺贝尔文学奖，分别是川端康成和大江健三郎。川端康成的作品展现的是日本传统的"物哀"美，大江健三郎作品表现的主题有世界和平和人文关怀等。相关内容的介绍不仅能够让学生感受到国粹文化的美，同时也能感受到世界和平的重要性。结合现今世界局势的不稳定以及某些国家战争频发的现实，让学生认识到世界和平的重要意义，从而增强学生的爱国意识。同时，以诺贝尔文学奖作为切入点，通过了解中国第一位获得诺贝尔文学奖的作家莫言的生平和主要贡献，提升学生的爱国主义情怀，同时培养学生对匠人精神的认识。

三、实施过程及评价标准

"双思课程"要以"四观"为引领，通过课程定位、课前设计、课堂教学的实施和课程评价四个环节实现。

（一）课程定位

日语"双思课程"的定位为课程思政和日语思维。课程思政要以社会主义核心价值观为指引，培养学生的价值观为目的进行教学定位；日语思维要以社会应用型、复合型人才的培养为主线，以听、说、读、写、译五个方面综合能力培养为出发点，拓展学生的日语思维。

（二）课前设计

课前设计要围绕"教学观"进行，根据教学内容和培养方向设计教学策略，其中包括情景设计、任务导向、问题趋向、互动交流和学习反思五方面环节。课前设计需要涉及教学情境和任务导向，并根据任务导向提出思考问题，并通过师生交流和学生交流检验教学效果。另外，课前设计还要设计出相应的教学方法，如讨论式、启发式、互动式、讲授式等。不同的教学策略需要搭配不同的教学方法以达到理想的教学效果。

（三）课堂教学的实施

课堂教学的实施要以"知识观"为中心，配合适当的教学策略和教学方法。教学策略的设计要涵盖学科逻辑、层次梯度和学生素养培养指向三方面内容。如日语教学中涉及大江健三郎的教学内容，教学过程中可按逻辑层次进行教学。首先介绍大江健三郎的个人简介，以大江健三郎参加公益活动为契合点进行世界和平、关爱他人等方面的思政教学；以其在文学方面的造诣为切入点进行匠人精神的思政教学；最后，可从诺贝尔文学奖的角度引出作家莫言，从而进行爱国方面的思政教学。根据教学内容，层层递进，逐渐渗透，潜移默化间培养学生正确的价值观。

（四）课程评价

课程评价要以"评价观"为指引，设置思政提升评价和思维提升评价两个环节，其目的是能够及时掌握学生的学习情况，并根据反馈信息及时调整教学内容和教学策略。思政提升评价可通过问卷调查、小论文等形式进行。教师可按教学内容进行相关的问卷调查的设计并通过网络等方式进行，同时可按思政内容以布置小论文等方式进行考察。思维提升评价机制需要按课程种类、教学重点、课程目标及完成度等内容进行相关设计。

四、结语

党的十九届六中全会的胜利召开和习近平总书记关于"办好中国特色社会主义大学，立德树人，将社会主义核心价值观融入高校教育"的重要指示，把中国高校教育推向了一个崭新的历史时期。无论是日语教学还是日语研究，都离不开中国梦和中国情怀。将"双思课程"的构建作为日语教学的全新探索，这一课题的研究必然将日语教学推向更高、更远的新征程。

参考文献

[1] 习近平：把思想政治工作贯穿教育教学全过程[EB/OL].http://www.xinhuanet.com//politics/2016-12/08/c_1120082577.htm, 2016-12-08.

[2] 周晓莹. 高校课程思政建设的路径探索[J]. 黑龙江教育（理论与实践），2019，（09）：4-6.

[3] 张艳涛，钟文静. 论高校思想政治理论课教师能力建设的重要性[J]. 思想治教育研究，2020（05）.

物理学史课程教学融入课程思政元素*

◎ 杨昕卉　　牡丹江师范学院 物理与电子工程学院

◎ 陈宝玲　　牡丹江师范学院 物理与电子工程学院

◎ 张　冰　　牡丹江师范学院 物理与电子工程学院

◎ 吴春雷　　牡丹江师范学院 物理与电子工程学院

◎ 左桂鸿　　牡丹江师范学院 物理与电子工程学院

◎ 刘艳凤　　牡丹江师范学院 物理与电子工程学院

[摘　要]物理学史课程教学融入课程思政元素课程教学设计。教学设计分五个部分：课程目标设计、教学内容设计、课程思政元素挖掘和融入方式、课程组织实施方式、课程考核方式。

[关键词]物理学史；课程思政元素；教学设计

"立德树人"是我国历代教育共同遵循的理念。"立德"，取树立德业之意，出自《左传·襄公二十四年》；"树人"，取培育人才之意，出自《管子·权修》。

* 基金项目：黑龙江省高等教育教学改革项目"新时代背景下地方高校导师队伍建设有效途径探索与实践"（SJGY20190690）；牡丹江师范学院课程思政专项建设项目"物理学史"（KCSZ—2020027）；牡丹江师范学院研究生教育教学改革重点项目"地方高师院校学科教学（物理）研究生综合素质的现状及提升的对策研究"（MSY-YJG-2018ZD013）；牡丹江师范学院学位与研究生教育教学改革研究项目"新时代背景下地方高校导师队伍建设有效途径探索与实践"（MSY-YJG-2018GG001）。

作者简介：杨昕卉（1972—），女，黑龙江牡丹江人，教授，博士，硕士生导师，主要从事物理检测、物理课程与教学论研究。陈宝玲（1964—），女，黑龙江牡丹江人，副教授，博士，硕士生导师，主要从事物理教学研究。张冰（1968—），女，黑龙江宁安人，教授，博士，硕士生导师，主要从事激光物理与量子光学研究。吴春雷（1981—），女，黑龙江安庆人，教授，硕士生导师，主要从事物理教学和稀土发光材料研究。左桂鸿（1975—），女，黑龙江牡丹江人，教授，理学硕士，硕士生导师，主要从事物理学研究，纳米材料制备及物性研究。刘艳凤（1978—），女，黑龙江牡丹江人，副教授，硕士研究生，主要从事物理学研究和教学。

新中国成立以来，党的教育方针、教育目的多有调整，但坚持"德育为先"则始终如一[1]。在党的十八大、十九大报告中都把坚持"立德树人"作为了教育的根本任务。习近平总书记在 2016 年 12 月召开的全国高校思想政治工作会议上强调高校思想政治工作关系高校培养什么样的人、如何培养人以及为谁培养人这个根本问题。坚持把立德树人作为中心环节，把思想政治工作贯穿教育教学全过程，实现全程育人、全方位育人，努力开创我国高等教育事业发展新局面。[2]物理学史是研究物理学辨证发展规律及其科学方法论的一门学科，集中体现了人类探索和逐步认识物理世界的现象、特性、规律和本质的历程。[3]物理学史课程是一门专业选修课程，承载着培养学生自主建构知识体系、掌握科学研究方法、提升科学素养、学会独立挖掘和运用课程思政元素等功能。该门课程最早面对本科生开设，随着学科发展的需要，2017 年将课程内容进行大幅调整后面向学科教学（物理）专业硕士开设。目前，已录制完成面向全国非物理专业学生开设的通识教育选修课程《物理史话》，以期用通俗、风趣的讲授方式激起学生对物理学的兴趣，了解物理学发展历程，感受科学家的科学精神，吸取物理学的精华，并通过他们未来的工作最大程度地实现物理学的科学普及。

笔者采用模块式教学方法，将课程思政元素融入课程教学，从课程目标、教学内容、课程思政元素挖掘和融入方式、课程组织实施方式、课程考核方式五个方面进行教学设计。

一、课程目标设计

物理学专业立足培养具有较高物理修养和物理教学、研究能力，满足地方需求的中小学物理教师。遵循"价值塑造、能力培养、知识传授"三位一体教学理念，设计以下三维目标：

思政目标　选取伽利略·伽利雷、迈克尔·法拉第、威廉·康拉德伦琴等典型人物进行剖析，介绍科学家艰难曲折的科学历程，尤其突出中国科学家和中国的科学技术发展，让学生感受科学家求实、创新、奉献的科学精神，培养学生科学素养、爱国精神和人文情怀，实现对学生的价值塑造。

能力目标 结合开普勒三定律、牛顿万有引力定律、爱因斯坦广义相对论等物理理论的建立过程，强化课程知识体系，让学生感受物理学的思维模式和探究方法，提高归纳、演绎等逻辑推理能力，实现能力培养。

知识目标 通过梳理力、热、光、电磁等经典物理分支发生、发展、演变的过程及学科的脉络体系，使学生了解物理学的全貌，加深对物理概念和规律的理解和应用，实现知识传授。

二、教学内容设计

课程内容分为七个专题：课程概述、力学的魅力、冷暖世界、扑朔迷离的光世界、双刃利剑电磁现象、走向神秘-微观世界、时空探秘-相对论。

凝练核心内容 专题采用典型案例剖析法，以六个"**W**"为主线，探究物理学萌芽—形成—逐步完善的曲折历程。

强化知识体系 建立物理学完整的知识体系，针对不同层次的学生制定切实可行的教学计划，帮助学生自主构建知识体系。

充实前沿知识及应用 介绍物理学科波澜壮阔的发展历程，介绍物理学科前沿理论和最新应用，介绍我国北斗卫星、量子通信等最新成果，提高学生的民族自豪感。

三、课程思政元素挖掘和融入方式的设计

以史联知 "联知"即连接专业知识，建构知识体系。学习的实质在于通过专业知识的学习主动形成认知结构。学习者不是被动地接受知识，而是主动地获取知识，并通过把新获得的知识和已有的认知结构联系起来，积极建构其知识体系。[4]

以史激趣 杰罗姆·布鲁纳说过："学习的最好刺激是对所学材料的兴趣。"兴趣是科学态度形成的前提，是意识倾向和内心需求的体现，学生一旦对某个事

物或某项工作产生浓厚兴趣，就会努力求知、勤奋钻研，也许会成就学生一生的事业。

以史育德　物理学史中蕴含着丰富的思政元素，教师应充分挖掘学史中的显性和隐性元素，依托这些元素对学生进行德育教育。

以史明志　课程思政是高等教育的中心任务，如何实现课程思政到思政课程的转化是教育工作者的任务。物理学史中的思政元素，是实现课程思政的最好的载体，"以史明志，修身报国"则是进行课程思政的最直接的手段。

以史融创　习近平总书记在全国教育大会上强调，要把创新创业教育贯穿于人才培养全过程。创新思维是创新意识和创新能力的核心、基础和前提条件，没有创新思维，就不会有科学发现和新的理论的建立。

以史增信　自信是对自己个人行为或对一个民族肯定的、积极的自我认识和自我评价，是一种健康心理的标志。自信包括个人自信和民族自信。

四、课程组织实施方式的设计

线上　教师布置学习任务，学生自主观看学习通教学视频，在雨课堂完成测试题（记忆、理解）；学习通发帖与学生进行讨论（应用）。

线下　梳理史料，帮助学生自主建构知识体系，促进认知整合发展，凝炼并教会学生自主挖掘和运用课程思政元素，达到教育自我和影响他人的目的。通过介绍广义相对论、超弦理论等前沿知识，采用小组间讨论交流、小论文等方式，实现高阶性、创新性和挑战度。优化教学方式，让学生通过案例剖析、小组间交流等方式梳理科学家的成就、科学素养及人文精神，将课程思政落到实处。采用课前布置预习任务、课上随机测试、课下阅读相关文献、期末测试、书写课程论文等方式实现全过程监督，将"两性一度"贯穿于教学过程全过程。

线上线下混合式教学模式　课堂讲授、课堂讨论、课外阅读同步进行，实现线上线下混合式教学模式。

五、课程考核方式的设计

物理学史课程采用全过程考核方式：任务点完成情况 10%，课堂讨论 20%，章节测试 20%，课程小论文 20%，期末考试 30%。

课前 通过学生在学习通上任务点完成情况和雨课堂学习效果检测情况进行评价。

课中 通过课堂讨论，小组交流；个人发言、章节测试进行评价。

课后 通过学习通的问题讨论和网上的互动留言；课程小论文；期末考试进行评价。

六、结束语

"课程思政"是以"立德树人"为根本任务的综合教育理念，物理学史课程的内容与特点为落实"课程思政"提供了丰富的载体。本文从课程目标、教学内容、课程思政元素挖掘和融入的方式、课程组织实施方式、课程考核方式五个方面进行了教学设计，经教学实践，取得了一定成效。

在当今世界形势下，中国面临着很多机遇和挑战，青年学生既要有终身学习的意识和行动，又要有强大的思想政治素质。"价值塑造、能力培养、知识传授"三位一体的理念即是一个与之相对应的、先进的教学理念，是教师进行教学设计的灵魂，必须要贯彻落实到实际课堂教学中。对课程的精心设计是教学实践成功的基础，落实课程思政教育的设计要求教师要处理好真理尺度和价值尺度，并将其融入教学的每一个环节，做到深入挖掘、灵活运用、恰到好处，润物无声。并引领学生自主挖掘和运用课程思政元素，并将此项能力迁移到今后的工作、学习和生活中。

参考文献

[1]刘佳. 中国语境下"立德树人"思想发展管窥[J]. 苏州大学学报（教育科学版），2019，7（01）：78-88.

[2]赵锋，孔军，陈广宇，等. 立德树人为什么——深入学习习近平总书记关于教育的重要论述[J]. 北京教育：高教，2021（03）：4-19.

[3]陈皓. 浅析物理学史的科学素质教育功能的实现途径[J]. 辽宁高职学报，2007（11）：107-108.

[4]李霞. 小说教学多角度感受人物形象的策略[J]. 教学与管理，2021（02）：66-68.

[5]崔智丽. 大学基础力学课程互动式教学法[J]. 牡丹江师范学院学报（自然科学版），2021（02）：77-80.

[6]高娟，李洋，李学超. 基于微信平台的工科大学物理教学[J]. 牡丹江师范学院学报（自然科学版），2019（02）：72-74.

模拟电子技术课程思政建设的探索*

◎ 付东辉　　牡丹江师范学院 物理与电子工程学院

◎ 赵祥敏　　牡丹江师范学院 物理与电子工程学院

◎ 白　龙　　牡丹江师范学院 物理与电子工程学院

◎ 付　杨　　牡丹江师范学院 物理与电子工程学院

◎ 王淑玉　　牡丹江师范学院 物理与电子工程学院

[摘　要] 为落实教育工作立德树人的根本任务，对模拟电子技术课程思政教学进行了一些有益的探索。教学过程中，坚持价值引领与知识传授并重，坚持根据教学内容适时引入恰当思政元素的原则，修订课程大纲，精心进行教学设计，改革教学方法和手段，改革课程评价方式，有机地在专业知识的讲授过程中融入思政元素，目的是充分调动学生学习的积极性和主动性，激发学生的求知欲，培养学生脚踏实地、积极探索、精益求精的工匠精神，使学生获得专业知识的同时树立远大的理想信念，具有强烈的社会责任感，促使学生提高思想政治素养，使学生成为全面发展的社会需要的人才。

[关键词] 模拟电子技术；课程思政；改革；探索

---

　* 基金项目：牡丹江师范学院课程思政教学改革专项项目（KCSZ-2020018）；牡丹江师范学院教育教学改革工程项目（20-XJ21003）。

　作者简介：付东辉（1968—），男，黑龙江双城人，教授、高级工程师，研究方向为智能检测与控制。赵祥敏（1979—），女，副教授，主要从事电子功能材料与电子系统设计方向的研究。白龙（1982—），男，讲师，研究方向为智能检测与控制。付杨（1989—），男，讲师，研究方向为人工智能。王淑玉（1967—），女，副教授，牡丹江师范学院教师，研究方向为电气工程、自动控制。

习近平总书记在全国高校思想政治工作会议上指出，要把高校的思想政治工作贯穿于教育教学的全过程，实现全程育人、全方位育人，高校思想政治工作要坚持把立德树人作为中心环节。模拟电子技术课程是高校理工科电气、电子、通信、机电类专业的主干课程，在课程体系中起到承上启下的作用，是普通高校关键课程之一。我校模拟电子技术教学团队在模拟电子技术课程的教学过程中，在教授专业知识的同时有机地引入恰当的思政元素，适时地进行课程思政，进行了一些有益的探索。

一、模拟电子技术课程教学过程中引入思政元素的原则

在课程教学中要坚持将价值引领与知识传授并重原则，实现思想政治教育融入课程教学的全过程。在课堂教学中对学生进行科学思维教育，引导学生形成正确的马克思主义的世界观和方法论，提高辩证思维的能力。根据教学内容，适时引入恰当思政元素的原则，把思想政治教育很自然地融入课堂，将教书育人的内涵落实在课堂教学主渠道，突出育人价值，让立德树人"润物无声"。

二、修订课程教学大纲，精心进行教学设计，注重思政教育与专业教育的有机融合

重新修订模拟电子技术课程教学大纲，确立"知识、技能传授与价值引领相结合"的课程目标，并结合课程教学内容实际明确思想政治教育的融入点、教学方法和载体途径。根据新的大纲要求，通过充分挖掘模拟电子技术课程教学内容中所蕴涵的辩证唯物主义思想，有机结合课程教学内容进行教学设计，选择与课程特点结合的思政元素，有机地在专业知识的讲授过程中融入思政元素，使专业知识与思政元素有机融合。融入思政元素的双极型晶体管教学设计如表1所示。利用模拟电子技术课内实验教学内容，培养学生求真务实、实践创新、精益求精的工匠精神，点燃学生创新思想的火花，培养学生严谨细致、专注负责的学习态度以及团结协作精神，着力发展学生的核心素养，使学生树立远大的理想信念，具有强烈的社会责任感，具备终身学习能力、自主发展能力和沟通合作能力。

表1 双极型晶体管课程思政教学设计

课程名称	模拟电子技术		授课专业	电气工程
主讲教师	付东辉 赵祥敏	周学时	4 第几次课	3
课程性质	D 专业基础课			
教学内容	双极型晶体管的发展历程、结构、工作原理、特性曲线和主要参数			
本次课 教学目标	1. 知识目标：了解晶体管的发展历程，掌握晶体管的结构、电流放大原理及其电流分配关系，理解晶体管的输入、输出特性，了解晶体管主要参数。 2. 能力目标：让学生学会分析晶体管的工作原理，掌握晶体管进行电流放大的条件，能够根据已知条件判断晶体管三种工作状态。 3. 素质目标：培养学生对专业知识的学习兴趣和学以致用的成就感。 4. 育人目标：学生学习专业知识的同时，学习科学家夜以继日、不断探索的科学精神，激励学生树立远大理想，继承优秀的民族精神，刻苦读书，掌握现代科学技术，肩负起国家民族繁荣富强的责任——实现中国梦。同时使学生掌握唯物辩证法的内因和外因关系，理解马克思主义的基本原理在模拟电子技术课程中的应用。			
本次课 思政教育内容	1. 文明—科学精神 2. 富强—科学技术现代化；中国梦 3. 爱国—民族精神 4. 自由—马克思主义指导思想			
教学设计 （教学内容与思政元素结合）	教学内容标题 课程教学内容设计（第3-10分钟）： 结合晶体管的起源融入【思政1：文明—科学精神】 【案例1——学生科学精神的培养】 晶体管的诞生是电子技术发展史上的一座里程碑，极大地推动了科技的进步，为后续集成电路的产生奠定了基础。从晶体管的起源和发展历程可以看出，凝聚了许多科学家夜以继日、不断探索的科学精神，以此激励学生树立刻苦钻研、不断探索的科学精神。 课程教学内容设计（第11-14分钟）： 结合我国芯片的研发融入【思政2：富强—科学技术现代化；中国梦】【思政3：爱国—民族精神】 【案例2——激励学生埋头苦读，掌握现代科学技术，实现中国梦】 我们国家半导体器件（集成电路）设计方面的研发取得一定的成绩，如华为公司手机芯片麒麟系列芯片的研发等，但和世界先进水平还有差距，因此需要同学们埋头苦读，掌握现代科学技术，为国家民族的繁荣富强而奋斗，实现中国梦。 课程教学内容设计（第20-35分钟）： 结合晶体管结构和实现电流放大外部条件融入【思政4：自由—马克思主义指导思想】 【案例3——锻炼学生用唯物辩证法的观点思考问题】 晶体管若实现放大，必须从三极管内部结构和外部所加电源的极性来保证，内部结构是内因，外部所加电源的极性，锻炼学生用唯物辩证法的观点思考问题。			

三、改革教学方法和手段，培养学生自主学习意识，树立为祖国富强而奋斗的理想

结合模拟电子技术课程相关教学内容，教学过程中有效利用现代信息技术，实现线上线下相结合的教学模式，努力实现信息技术与教育教学的深度融合，提高教学技能，在课堂内外、线上线下增加师生互动交流，在多渠道的师生互动交流中实现知识的传授，用教师的精湛学术水平感染和影响学生。采用讲授式、讨论式、启发式相结合的教学方法，优化教学方式，加强引导探究，从单一传授知识向培养学生能力转化，以学生为中心，更多关注学生的学习过程、学习效果和综合发展。突出学生实践能力、创新能力、道德情操等关键目标培养。由单向传递转为双向交流，由单一课堂转变为情境教学，增强学生学习的积极性和主动性，有利于学生对知识的掌握，激发学生的求新意识，培养学生归纳综合和分析推理的能力，有利于学生创新能力的培养。同时让学生意识到不论在学习还是生活中，都需要通过自己的努力，研究解决之路，在学习中成长，在问题中发现自己，根据自己的不足寻找改善措施，构建自己理想的发展蓝图，进而为国家的发展、民族的富强贡献出自己的力量，实现中国梦。

四、改革课程评价方式，考核评价上体现多元性和激励性

改革课程考核评价方式，在考核评价上体现多元性和激励性，除了期末理论考试，更应该注意过程性考核，实现多方位对学生进行综合评价，同时有效地引入思政元素，充分调动学生的积极性，激励他们快乐有效地学习，让学生掌握学以致用的知识和能力，建立学好专业的信心和决心。结合模拟电子技术课程的专业教学内容和特点，在课堂理论教学过程中，引导学生注重平时学习过程，教师要关注学生是否认真听讲、是否积极参加课堂问题讨论、对前沿性的知识是否认真思考，是否有抄作业现象等，使学生主体意识发挥重要作用。在实验实训教学过程中，加入思想政治表现，例如评价学生是否有效完成实验预习、是否认真完成实验内容、是否如实记录实验数据、实验完成后是否能按要求完成实验设备的归位整理、是否认真完成实验报告、是否能进行创新、是否具有团队合作精神，培养脚踏实地、精益求精的工匠精神。在期末考试及过程考核过程中，教育学生对待考试要诚信应考，以培养学生良好的道德情操。总之，通过完善"课程思政"的评价方式，促使学生提高思想政治素养，帮助学生全面发展。

参考文献

[1] 翁芸.《模拟电子技术与实践》课程思政的探索[J]. 教育现代化, 2019（04）：722.

[2] 梅立雪. 模拟电子技术教学的"课堂思政"建设研究[J]. 农家参谋, 2020（03）：275.

软件测试课程："思政、创新、建设"教学模式的构建*

◎ 丁　蕊　　牡丹江师范学院 计算机与信息技术学院

◎ 张　岩　　牡丹江师范学院 计算机与信息技术学院

◎ 孙　瑶　　牡丹江师范学院 计算机与信息技术学院

◎ 夏春艳　　牡丹江师范学院 计算机与信息技术学院

◎ 霍婷婷　　牡丹江师范学院 计算机与信息技术学院

[摘　要] 构建"思政、创新、建设"教学模式，通过融合思政元素、竞赛促进职业对接、教学过程创新、评价体系创新、引领学生进入研究领域、建立学习共同体、成立课外软件测试兴趣班，实现学生课内课外长程培养。

[关键词] 课程思政；一流课程建设；软件测试

2020 年 5 月教育部印发的《高等学校课程思政建设指导纲要》要求：高校要紧抓专业课教学"主阵地"，坚持显性教育和隐性教育相统一，深入贯彻专业课程的思政建设[1]。本文探讨普通本科院校软件工程专业软件测试课程特点，构建"思政、创新、建设"教学模式，为培养具有为国奉献、严谨创新及可持续学习能力的软件工程专业人才奠定基础。

---

* 基金项目：黑龙江省教育科学规划重点课题 （ZJB1421113）；黑龙江省教学改革项目（STAY20200732）；牡丹江师范学院基金项目（KCSZ-2020006；JK-2020022；1354MSYTD005）。

作者简介：丁蕊（1977—），女，满族，辽宁台安人，副教授，博士，主要从事现代教育技术和软件测试研究。张岩（1972—），女，满族，辽宁人，教授，博士，牡丹江师范学院教师，硕士生导师，主要从事现代教育技术和软件测试研究。孙瑶（1997—），女，山东汶上人，2020 级硕士研究生，主要从事现代教育技术研究。夏春艳（1980—），女，汉族，副教授，博士，主要从事现软件测试研究。霍婷婷（1991—），女，汉族，硕士，主要从事现软件测试研究。

一、"思政、创新、建设"教学模式的创新点

"思政、创新、建设"教学模式的目标是：融入课程思政、加强学科竞赛；科研促进教学、建立学习共同体。（见图1）

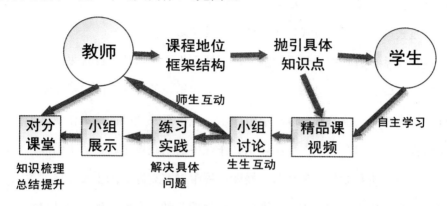

图1 "思政、创新、建设"教学模式

（一）思政：融合思政元素

将思政元素融入学生竞赛、科研及兴趣班等全部活动过程中，将思政内容外化为具体的学习行动。通常参加全国性学科竞赛，激发学生爱校热情，增强对国家振兴的责任感；通过建设学习共同体感受团队精神；通过科研活动培养解决复杂问题的思维方式和创新意识。

（二）创新：竞赛促进职业对接，教学过程创新，评价体系创新

竞赛促进职业对接 本课程相对应的学科竞赛是"全国大学生软件测试大赛"，将竞赛所需基础技能纳入教学中，在理论教学中结合学科竞赛内容讲解测试技术，使学生在常规教学中学习竞赛涉及的技术，激发学生的学习动力与热情，实现课程内容与职业要求对接，最大限度地匹配与适应企业用人需求，促进产教融合，有效培养学生实践能力。

教学过程创新 采用教师主讲、精品课视频学习、小组讨论、学生展示、对分课堂等教学方式开展教学活动。教师讲解课程框架结构、阐述知识点、梳理知

识关系，总结并引导探索。学生通过视频自主学习知识点，开展小组讨论。小组讨论遇到难以理解的问题，或小组成员能力相对较弱时，教师将进行适当的提示和讲解，在循序渐进的教学活动中，使学生成为自主学习者。知识内容学习结束后，学生采用对分课堂方式自我总结，激发学习内驱力。

评价体系创新　评价体系中加入过程性评价进行考核。课程采用课内课外、线上线下、学评师评、过程性与终结性评价相结合的方式，既包括课堂内的课前提问、课中练习、课堂参与度、小组展示，也包括课堂外的线上作业、项目驱动的小组探索及学科竞赛。在小组展示、作业中的主观设计题目和小组展示中，设置学生自我评价和同伴互评环节。授课过程中以客观题目为主设置单元测试、期中测试，学期末进行期末测试。课内知识掌握及学习态度表现、课外自主学习及所有测试共同构成终结性评价，能够全面评价学生学习态度、知识技能及解决问题的综合能力。课程要求全体学生参加全国软件测试大赛线上预选赛，将预选赛作为平时成绩考核的一个重要组成部分，将学科竞赛融合到教学过程中，实现学习过程和评价体系的创新，提升学生整体的实践水平。

（三）建设：引领学生进入研究领域，建立学习共同体，成立课外软件测试兴趣班

引领学生进入研究领域　在授课过程中加入教师的科研内容，引领学生进入研究领域。教师的科研成果与授课内容结合，介绍科研创新点及创新思想的由来，拓展知识广度与深度，引导学生探索软件测试技术的新思路。引导学生参与到教师的科研课题中，促使学生从开始的帮助教师做实验到和教师一起探讨学术问题、合作发表学术论文，实现教学内容与科学研究的对接。

建立学习共同体　建立学生课堂学习共同体、课外学习共同体，推动学生持续进步。建立小组学习共同体，以强带弱。在课程初始时摸底结组，将学优生与其他各不同学习层次的同学结成 5 人左右的纵横项目小组，纵向小组成员共同完

成某项指定任务并展示，横向小组成员探讨相应技术问题，组内成员分工协作，以强带弱相互配合，以项目驱动共同完成指定任务，课程结束时小组内所有成员都能完成基本技能任务，实现团队成员的共同成长。

成立课外软件测试兴趣班 利用课余时间以老带新的方式通过钉钉直播和集中实验开展培训，每周活动由高年级学生设定竞赛任务或讲解，新生做题攻擂，开展协同共进的学习模式，为软件测试大赛培养高质量选手，也为有学习热情和意愿的同学提供了进一步提高的学习渠道，实现了课程结束之后的长期培养。

二、教学效果

参赛人数和得奖人数都位于省内高校前列。教学团队自 2018 年开始组织学生参加全国大学生软件测试大赛，参赛人次从首次的 22 人次增加到 2020 年的 201 人次，学生的参赛积极性不断提高。参赛三年来累计获奖 42 人次，2020 年获奖 27 人次，参赛人数和得奖人数都位于省内高校前列。学生参与教师科研项目，在论文撰写及软件著作权方面实现零的突破，形成极少数学生带头、部分学生参与的良好局面。

三、结语

"思政、创新、建设"教学模式在教学过程中融合思政元素，将其外化为日常学习和训练行动，形成课堂内外、课程前后、以赛促学、科研提升的综合培养模式，关注学生在课堂外和课程结束后的学习成长，最终实现以学生为中心的因材施教和长程培养。教学实践结果表明，这种创新性的课程设计理念为学生提供了提升的平台和渠道，为学生毕业后的发展奠定坚实基础。

参考文献

[1] 吴鸿韬，翟艳东，李智. 软件测试技术课程思政教学的探索与实践[J]. 计算

机教育，2021，313（01）：89-92.

[2] 张功杰，谢春丽.面向测试用例生成的集合进化算法实现[J].牡丹江师范学院学报（自然科学版），2017（02）：1-5.

[3] 范书平，刘志宇，杨禹军.一种面向路径覆盖的测试用例进化生成方法[J].牡丹江师范学院学报（自然科学版），2020（01）：27-30.

课程思政理念浸润于物理学史课程的实践探索*

◎ 杨昕卉　　牡丹江师范学院 物理与电子工程学院

◎ 陈宝玲　　牡丹江师范学院 物理与电子工程学院

◎ 张　冰　　牡丹江师范学院 物理与电子工程学院

◎ 吴春雷　　牡丹江师范学院 物理与电子工程学院

◎ 左桂鸿　　牡丹江师范学院 物理与电子工程学院

◎ 刘艳凤　　牡丹江师范学院 物理与电子工程学院

[摘　要]课程思政的育人理念力求构建全员、全程、全课程育人格局，将专业课程与思想政治理论课同向同行，形成协同效应。物理学史是蕴藏着巨大精神财富的宝地，本文结合物理学史课程特点和教学设计思路，从"以史联知、以史激趣、以史育德、以史明志、以史融创、以史增信"六个方面探讨了教师在教学过程中如何引领学生挖掘、感悟、迁移及应用课程思政元素，从根源解决学生

　　* 基金项目：黑龙江省高等教育教学改革项目"新时代背景下地方高校导师队伍建设有效途径探索与实践"（SJGY20190690）；牡丹江师范学院课程思政专项建设项目"物理学史"（KCSZ—2020027）；牡丹江师范学院研究生教育教学改革重点项目"地方高师院校学科教学（物理）研究生综合素质的现状及提升的对策研究"（MSY-YJG-2018ZD013）；牡丹江师范学院学位与研究生教育教学改革研究项目"新时代背景下地方高校导师队伍建设有效途径探索与实践"（MSY-YJG-2018GG001）。

　　作者简介：杨昕卉（1972—），女，黑龙江牡丹江人，牡丹江师范学院教授，工学博士，硕士生导师，主要从事物理检测、物理课程与教学论研究。陈宝玲（1964—），女，黑龙江牡丹江人，牡丹江师范学院副教授，主要从事教学研究。张冰（1968—），女，黑龙江省宁安市人，牡丹江师范学院教授，理学博士，硕士研究生导师，主要从事激光物理与量子光学研究。吴春雷（1981—），女，黑龙江庆安人，牡丹江师范学院教授，硕士生导师，主要从事物理教学和稀土发光材料研究。左桂鸿（1975—），女，黑龙江牡丹江人，牡丹江师范学院教授，理学硕士，硕士生导师，主要从事物理教学研究、纳米材料制备及物性研究。刘艳凤（1978—），女，黑龙江牡丹江人，牡丹江师范学院副教授，硕士研究生，主要从事物理学研究和教学。

思想问题，真正做到思政课程和专业课程的同向同行。

[关键词] 课程思政；浸润；物理学史；实践探索

物理学史是一门自然科学、人文科学、社会科学、思维科学紧密交叉渗透的综合学科[1]。其内容的特殊性决定了它在培养学生人生观、价值观、世界观，科学素养、创新精神等方面将发挥出独特的教育功能。为此在教学过程中进行了如下尝试：

一、以史联知

"联知"即连接专业知识，建构知识体系，学习的实质在于通过专业知识的学习主动形成认知结构。学习者不是被动地接受知识，而是主动地获取知识，并通过把新获得的知识和已有的认知结构联系起来，积极建构其知识体系[2]。这恰好是物理学史课程教学的亮点之一，在实际教学中以下几方面的连接：

1. 勾连重点基础知识

在教学过程中选取重要的，但又常常被忽略的点加以强化，在学习某个分支形成历程中采用提问、讨论的方式连接基础知识。例如：学到核物理形成发展时，提问 α、β、γ 射线的本质，什么是 β 衰变；讲到狭义相对论发展史时，讨论什么是时间、空间等。

2. 构建知识体系

构建学科体系是物理学史教学进行课程改革的重点尝试，在实际教学中一般采用在黑板上绘制思维导图的方式让学生形象直观地了解学科体系，同时针对不同层次的学生制定不同的目标。

本科生：结构比较完整，布置学生构建思维导图—课堂讨论—总结；

研究生：学生知识结构不完整，采用查看内容、突破重点，建立体系；

通识课：计划在教师引导的基础上，采用论坛讨论为主，最后建立简单体系。

例如电磁学知识体系可概括为：从发现电荷、大量产生电荷到使电荷流动起来形成电流；扩展到认识电流的各种性质，实现电和磁的统一，建立完整的电动力学体系；最后促进信息化时代的到来，逐步改变和引领人类生活。经历了分析现象—定量描述—学科体系—电磁统一—广泛应用的全过程。

3. 扩展学生视野

在教学过程适当的时候介绍其他学科的相关内容，开阔学生的视野。例如在讲到牛顿的《自然哲学的数学原理》时，简介自然科学的四大名著，学习粒子物理形成介绍弦理论，广义相对论建立中引入黑洞知识。

总之，教师在传授知识的同时，更应该关注学生认知方式的发展，交给学生建构知识的策略与方法。

二、以史激趣

杰罗姆·布鲁纳说过："学习的最好刺激是对所学材料的兴趣。"而兴趣又是科学态度形成的前提，是意识倾向和内心需求的体现，学生一旦对某个事物或某项工作产生浓厚的兴趣，就会努力求知、勤奋钻研，也许会成就学生一生的事业。因此做了以下两方面的实践：

1. 插入科学家故事

教师在教学过程中，在保持科学史料准确真实的基础上，插入科学家简介以增加学史内容的趣味性。如：讲述光的波动特性认识过程时，介绍近代西方全才托马斯·杨；讲授流体力学、角动量定理建立过程时介绍伯努利家族；讲述夸克模型、宇宙热爆炸模型时介绍默里·盖尔曼和乔治·伽莫夫的幽默。

2. 联系实用技术

物理学的实用性，尤其是当代前沿技术，是学生的关注点之一，因此引入前沿技术激发学生学习兴趣的重要手段。例如：讲的力学史延伸到实用力学——建筑、高铁；电磁学史拓展到信息技术、人工智能；微观物理中力学介绍曼哈顿工程、核能在解决能源危机中的作用。

通过多年的教学实践，深深感受到只有设法激发学生的学习兴趣，才能让学生的视线离开手机，把头抬起来。唤起其求知欲，在课堂上感受学生渴求知识发亮的眼睛和解开疑惑满足的微笑。

三、以史育德

物理学史中蕴含着丰富的思政元素，教师应充分挖掘学史中的显性和隐性元素，并依托这些元素对学生进行德育教育。主要侧重以下几方面的渗透：

1. 养成良好品德

培养学生良好思想品德是社会道德建设和个体精神境界提高的要求，更是教育尤其是师范教育的重要任务。例如：在讲授威廉·康拉德·伦琴发现 X 射线的过程时，介绍伦琴没有到最后得出结论，绝不轻易透漏一点消息，不做无根据的假设，不以自己名字命名 X 射线，放弃专利、拒绝爵位、捐献诺贝尔奖奖金等事例，让学生感受伦琴的高尚品德；在讲授微观物理学建立过程时介绍尼尔斯·玻尔的宽厚、豁达；阿诺德·索末菲的睿智、博学；理查德费曼的才华、幽默，感受世界顶级名师风范——引导学生在未来的工作中为树立良好师风起到积极作用。

2. 锤炼健全人格

健全人格是指各种人格要素的平衡，是积极自我评价的一种体现，是确保人的才能充分发挥的前提条件，也是落实课程思政的一个标志。通过对亨利·卡文迪许的自闭、路德维希·玻尔兹曼的抑郁等案例的介绍，引导学生感受身体和心理健康同样重要。

3. 树立端正的学术观

介绍哥本哈根与爱因斯坦关于量子力学不确定关系及完备性、牛顿与胡克、莱布尼兹的有关优先权、光的波动性与粒子性的旷世之争，让学生从中感悟良好的学术氛围对科学发展的促进作用，相反那些盲目崇拜和极端利己行为不仅有损自身形象，同时对科学发展会起到消极作用。

由此可见要完成育德重任，教师在教学过程中要不断提升自己的育德意识和育德能力，潜移默化地将挖掘和融入思政元素的方式方法传递给学生，使学生在今后的学习、工作、生活等方面有所受益，并能够将科学精神、科学态度等正能量的信息传递给更多的人。

四、以史明志

课程思政是高等教育的中心任务，如何实现课程思政到思政课程的转化则是我们教育工作者面临的挑战。物理学史课程蕴含了丰富的思政元素，是实现课程思政的最好的载体，"以史明志，修身报国"则是进行课程思政的最直接的手段，为此在教学过程中将课程中丰富的励志资源加以融合：

1. 树立正确的人生观

"非淡泊无以明志，非宁静无以致远"，这是很多人追求的人生目标和期望达到的境界，也是许多物理学家立身处世的真实写照。例如：开普勒生活窘迫，屡遭挫折，在多年拿不到工资的情况下，坚持完成恩师第谷的嘱托，坚持自己的信念，利用海量数据高度概括出开普勒三定律，可谓巧夺天工。伽利略在病魔缠身的情况下，挑战权威坚决支持哥白尼的日心说，被罗马教会囚禁，最后双目失明，却创立了新的科学研究方法，成为力学的开山始祖；富兰克林弃商从事物理研究，冒死进行"风筝实验"完成天电与地电的统一；开尔文在 17 岁时曾立志"科学领路到哪里，就在哪里攀登不息"，最后成为科学巨匠。通过典型物理学家的科学历程的介绍，让学生感知信仰的力量，引导他们树立正确的人生观和价值观，在诱惑和挫折面前守住底线。

2. 强化修身报国的情怀

"国家兴亡，匹夫有责"，爱国精神就是对祖国的热爱与忠诚，是中华儿女的传统美德，随着新中国的建立，大批的物理学家，用自己的一生谱写出了一曲曲爱国诗篇。例如：中国物理学开山祖师吴有训、"两弹一星"之父钱学森等放弃国外优厚的待遇和先进的实验条件，回到一穷二白的中国，为祖国科学研究事业的发展做出了巨大贡献。为此在讲授量子光学时介绍吴有训，激光发现过程介绍我国第一台激光器的研制过程、核物理部分介绍两弹一星的发射，让学生感受中国科学家艰苦奋斗的历程，体会我国走上强盛之路的曲折。

同时，教师也以自己高尚的人格、科学的理念、渊博的知识，为学生的思想和行为做好表率。

五、以史融创

习近平总书记在全国教育大会上强调，要把创新创业教育贯穿于人才培养全过程。创新思维是创新意识和创新能力的核心、基础和前提条件。物理学家在科学探究过程中，没有创新思维，就不会有科学发现和新的理论的建立。创新思维可体现为以下几个方面：

1. 突破经典

如普朗克的"能量子"假说；爱因斯坦挑战权威，用洛伦兹变换代替伽利略变换建立狭义相对论、自我完善，从狭义相对论的相对性原理中的"惯性参照系"不足克服重重困难，建立广义相对论，从相对论力学和电动力学的四维形式，提出统一场理论。

2. 逆向思维

如奥斯特发现电生磁现象后，法拉第发现了磁生电；德布罗意在光的波粒二象性的基础上，提出实物粒子的二象性从而提出物质波假说等，充分体现出物理学逆向思维创新特色。

3. 敏锐的洞察力

如奥斯特在做电流演示时发现小磁针偏转，立即反复实验而发现电流的磁效应，伦琴发现"放在射线管附近的氰亚铂酸钡小屏上发出微光"立即搬进实验室昼夜研究而发现 X 射线；查德威克得知约里奥·居里铍辐射实验后，立即联想到卢瑟福的中子预言，最后发现中子等，都反映出敏锐的洞察力是创新能力的关键。

在教学过程中有意识地强化物理学史内容中科学家所采用的科学研究方法及思维过程，关注对学生创新思维的培养。同时，教师在课程教学过程中也要关注美育的渗透，如物理学中的现象美、理论美等。因为美育能够激发和丰富个性生命，使之具有自发涌动的创造欲望和动力，这种审美活动可以充分保持学生的创造性并促进其发展，对创造力的开发和培养有促进作用。

六、以史增信

自信是对自己行为进行的一种积极的评价，是一种健康心理的标志。自信的人相信自己能够实现目标，在遇到困难和挫折时，才能克服困难。因此自信是成功的保证，对每个人尤其是学生至关重要，为此在教学过程中主要选取了两方面的实例加以引导。

1. 增强个人自信

在物理学发展长河中，有许多物理学家是在逆境中成长起来的。如法拉第9岁父亲去世，因贫困失学，13岁开始做学徒，经过不懈的努力，成为英国皇家研究所实验室主任，为电磁场理论的建立做出卓越的贡献，最后荣获伦福德奖章和皇家勋章；安培、焦耳、菲涅尔没有接受过优质教育，却成了一流科学家。通过他们的事迹让学生感受人生是一场长跑，普通学校的学生通过努力也会成才；再有迈特纳、梅耶等女性科学家因性别歧视长期"无薪工作"，却为人类做出巨大贡献，证明物理学并非男性领域，女性一样可以做出一番成就。

2. 增强民族文化自信

"文化自信"是一个国家、一个民族、一个政党对自身文化传统和内在价值的充分肯定，也是对自身文化发展进程和生命力的坚定信念[3]。作为有着悠久历史的中华民族，对物理学的探索从未间断。在教学过程中重点穿插中国物理学家的贡献，如公元前500多年墨翟的科学巨作《墨经》，比西方对光现象的认识及记载要早近200年，记载了关于投影、平面镜、小孔成像、凸面镜等许多光学现象；色散的概念比牛顿早提出1500多年。近现代，杨振宁、李政道、丁肇中等华裔科学家屡次获奖；吴有训、邓稼先、王大珩等一批一流物理学家在艰苦的环境下建立了自己的物理学体系。突出我国物理学的最新成就，如力学领域的航天——探月工程、探测火星、深海探测器等技术；电磁领域的北斗卫星；量子力学（微观）领域的量子通信等。同时，教师可通过布置相关作业，如举出至少 10 个中国研发、世界一流与物理相关的技术，并对其中之一做以简单介绍；选取中国物理学成就撰写小论文等。通过以上内容的融入，让学生感受到祖国的强大，有为祖国感到骄傲和自豪的自信和底气，产生振兴中华的使命感和责任感。

物理学发展史中蕴含着宝贵的精神财富，教师引领着学生挖掘和感悟着其中的美好——科学精神、爱国情怀、团结协作、社会责任等。立德树人是一项长期而艰巨的任务，对学生的思想教育不是一蹴而就的，需要教师锲而不舍地坚持和不断地改进，像盐（课程思政元素）溶于水（专业课程）一样，润物细无声地浸润于课堂教学和学生的心田。

参考文献

[1] 陈皓. 浅析物理学史的科学素质教育功能的实现途径[J]. 辽宁高职学报，2007（11）：107-108.

[2] 李霞. 小说教学多角度感受人物形象的策略[J]. 教学与管理，2021（02）：66-68.

[3] 江秋菊，吴伟涛，黄林成. 高校隐性思想政治教育资源开发的实效[J]. 广东水利电力职业技术学院学报，2017，15（03）：58-61.

课程思政视域下基础日语教学设计初探*

◎ 董奎玲　　牡丹江师范学院 东方语言学院

[摘　要] 基础日语课程是日语专业在一、二年级开始的专业核心课程，该课程有课时量大、教学周期长、教学内容广泛、师生接触频繁等特点，有利于开展课程思政，本文结合基础日语教学中开展课程思政的可行性与必要性，探索如何在教学中挖掘思政元素，培养学生的文化思辨能力以及培养学生的文化自觉与自信，以实现知识传授与思政育人的双重培养目标。

[关键词] 基础日语；课程思政；思辨能力；文化自信

"教育之本，在于立德铸魂"，其中心环节为思政课程建设和课程思政建设。大学生的思想政治教育任务不能仅靠思想政治理论课教师去完成，各科专业课程及教师也有义务承担起"育人育心，立德铸魂"的重要使命。正如习近平总书记在全国高校思想政治工作中明确提出的那样，"其他各门课都要守好一段渠、种好责任田，使各类课程与思想政治理论课同向同行，形成协同效应"[1]。

一、基础日语开展课程思政的可行性与必要性

基础日语是日语专业基础阶段开设的专业核心课程。其教学周期较长，课程开设在一、二年级，一般历时 4 个学期；基础日语也是集语言知识与社会文化为

* 基金项目：牡丹江师范学院课程思政教学改革项目"基础日语"（KCSZ-2020023）。中国期刊网收录。
作者简介：董奎玲（1981—），女，山东海阳人，副教授，硕士生导师，研究方向为日语语言学、日语翻译。

一体的综合性课程，教学内容涉猎广泛，除基础语言知识之外，还会广泛涉及日本历史风俗、社会文化等多方面的内容；基础日语课程的总学时多达 556 学时，课程安排紧凑，授课教师与学生接触频繁，基本实现"每日一见"。以上课程特点为开展课程思政提供了有力的条件。

以往的日语教学中，授课教师将大部分精力都放在专业知识的传授上，强调语音、词汇、语法等基本语言知识与听、说、读、写、译等基本语言技能的培养，一味地强调专业知识的重要性，而忽略了对学生文化思辨能力的培养和价值观的引领。中日文化同根同源，许多大家熟知的日本文化大都源自中国。例如，教学内容中会出现"茶道""香道""空手道"等文化内容，如果在授课过程中，教师对知识点背后的文化背景讲解做不到追本溯源，那么其中蕴含的"中国元素"就会被掩盖，这就会对学生正确历史观的形成产生负面的影响。

因此，基础日语教学中必须要结合教学内容与目标，深挖思政元素，充分发挥思政教育协同育人的功能，在传授专业知识的同时，做好价值引领，以实现立德树人的根本目标。

二、基础日语课程思政教学设计

"新文科"背景下全人教育的教育理念要求，在注重知识、能力培养的同时，加强人格塑造，三者有机结合才能培养出全面、综合性的专业人才。"基础日语"教学过程中应从教学目标的设定、教学内容的设计等方面渗透课程思政的教育理念，提升教学内涵与层次，为课程思政实现"隐性育人"功能提供有力的支撑。[2]

（一）教学目标的重新设定

在知识目标上，通过本课程学习，使学生全面系统地认识日语的语言特性与结构特征，熟练掌握日语语音、语法、词汇等语言基础知识及听、说、读、写、译等语言基本技能。

在能力目标上，培养学生语言综合运用能力及创新能力，能够运用专业知识发现问题、分析问题、解决问题，并为专业能力提升和继续深造奠定坚实的基础。

从思政育人目标来看，在熟悉日本社会文化、风俗习惯等方面知识的同时，使学生充分了解文化背景，深挖中国元素，将提升学生文化自觉与自信，增强民族自豪感，提高学生的跨文化思辨能力纳入教学目标，实现课堂教学全程育人。

（二）课程思政教学设计

"基础日语"授课内容涉猎非常广泛，如"大学生活""文化节""日本的传统艺术——歌舞伎"等，选材贴近实际生活，潜藏着大量可挖掘的思政内容，因此，教师在讲授专业知识的同时，要结合授课内容，找准"思政元素"与专业知识的契合点，将思政教育融入课堂教育中，发挥其"无形"育人的作用。

1. 培养学生的文化思辨能力

"新国标"对于外语人才培养要求中明确指出"外语专业学生应具备外语运用能力、文学鉴赏能力、跨文化交际能力、思辨能力以及创新能力"。思辨能力作为各种具体能力的基础，将是今后日语教学中的焦点问题。

所谓文化思辨，就是学生在语言学习中，不仅要掌握一种语言的规则、结构特征，还要能够站在文化的高度，运用所学所识进行批判性的思考，探索文化深处的差异性，辩证地认识不同文化特性。

例如，在学习日语之初，要学习日语假名、汉字等，这就涉及日本文字的起源，中日两国交流历史源远流长，交流过程中，日本人仿照中国汉字创造了其语言中的平假名与片假名，且吸收了大量的汉语词汇并广泛使用，汉语词汇深深地扎根于日语这一门语言中，在日语总词汇中占比将近半数，已经成为日本文字系统中极其重要的一部分。通过讲解使学生了解汉语对现代日语形成与发展的深远影响。随着学习的深入，会出现"革命""民主""自由""政治""经济"等，这些词汇看似汉语词汇，实际上是日本明治维新之后，学习西方科学技术，翻译外语著作中应运而生的词汇，在中日两国交流中，中国也将这些词汇借用过来，广泛运用到各个领域中。[3] 特别是随着网络的普及，日本动漫、娱乐文化等在年轻人中受到追捧，一些流行词也随之大量出现，如"超可爱""爱豆""手机控""元气满满"等，大量外来词语的涌入，对年轻人的思维方式和文化心理都有一定的影响。在授课过程中，应该找到思政元素的切入点，为学生讲解日语的反哺现象。同时，教育学生对外来文化要有辩证取舍，择善而从的态度。

2. 培养学生的文化自觉与文化自信

习近平总书记在全国高校思想政治工作会议上强调了文化自觉和文化自信的重要性。一个民族的觉醒，首先是文化上的觉醒，是否具有高度的文化自觉，不仅关系到文化自身的繁荣兴盛，而且决定着一个民族的命运。大学生是国之未来，是社会主义建设者和接班人，大学生的思想觉悟、文化自信以及价值取向是否正确关系到未来的发展和国家的兴衰。由此可见，培养学生文化自信与文化自觉的重要性。

例如，在学习日本"新年"时，不仅要让学生了解日本新年有哪些传统习俗及其背后的文化内涵。同时，也要深挖中国的"春节"元素，使学生了解中国人在过春节时的传统习俗，比如扫除、贴年画、守岁、放鞭炮、拜年、包饺子等。通过融入中国传统"年"文化，让学生了解中国春节是中国民间最盛大而隆重的传统节日，是集祈福禳灾、欢庆娱乐及饮食文化为一体的民俗大节，是中华民族生活文化精粹的集中展示。所以，当代大学生，不仅要熟知春节习俗，了解我们自己的传统文化，更要树立强烈的民族自豪感，增强我们的文化自信心。

三、结语

思政教育任重道远，在今后的基础日语教学中，应以文化渗透为主线，教师要不断积累素材，深挖教学内容中的思政元素，找到知识传授与思政教育的契合点，在潜移默化中熏陶和感染学生，使学生了解中国文化的历史与魅力所在，通过深入思考，辩证思维，使学生对中华民族文化充满自信，能够自觉维护民族文化，增强民族自豪感和文化自信心。

参考文献

[1] 习近平. 把思想政治工作贯穿教育教学全过程 开创我国高等教育事业发展

新局面［N］. 人民日报，2016-12-09（01）6.

［2］成桂英. 推动"课程思政"教学改革的三个着力点［J］. 思想理论教育导刊，2018（09）：67-70.

［3］张嘉伦. 浅论"课程思政"视角下在外语教学中提升文化自觉与自信——以日语入门教学为例［J］. 甘肃高师学报，2018（02）：85-88.

东北抗联精神融入英语专业综合英语课程的教学研究*

◎ 苏秀云　　牡丹江师范学院 应用英语学院

◎ 何碧琪　　牡丹江师范学院 应用英语学院

[摘　要] 本文在课程思政的背景下，立足于地域优势，将东北抗联精神融入综合英语课程教学中。根据课程特点与培养目标，笔者在课前、课内、课后三个阶段采用不同的教学手段将东北抗联精神的内涵传递给学生，以期培养学生的家国情怀，树立学生的社会主义核心价值观，实现立德树人的人才培养目标。

[关键词] 课程思政；东北抗联精神；综合英语课程

在新时代的背景下，大学生的思想政治教育已由传统的一门思政课程转化为各门课的课程思政。结合专业课的学科知识，充分挖掘可利用的思政材料对学生进行爱国主义教育，提高学生的民族自信心和使命感，已成为新时代高校教师义不容辞的责任。作为黑龙江的高校教师，笔者结合地域优势将黑龙江"四大精神"之首的抗联精神融入英语专业的综合英语课程中，以期在教授专业知识的同时能够提高学生的抗挫折能力，增强其民族使命感，提高其文化自信度。

---

* 基金项目：黑龙江省哲学社会科学研究规划一般项目《东北抗战英文文献翻译与研究》（19DJB012）；黑龙江省教育厅基本科研业务费项目《满铁剪报有关东北抗战英文资料翻译研究》（1355JG008）；牡丹江师范学院教育教学改革项目 "英语专业讲好中国故事课程改革研究" （20-XJ21034）。

作者简介：苏秀云（1981—），女，黑龙江肇东人，牡丹江师范学院应用英语学院，副教授，硕士生导师，主要从事翻译、跨文化、语言学研究。何碧琪（1998—），女，广东惠州人，牡丹江师范学院应用英语学院，外国语言学及应用语言学专业2020级在读硕士研究生，主要从事语言学和翻译研究。

一、新时代背景下东北抗联精神的内涵

九一八事变后，中国共产党领导广大人民群众和爱国将士组建了东北抗日联军，面对恶劣的自然环境、凶残的日寇，他们克服了一个又一个难以想象的困难，成功牵制了敌人的力量，为全国抗日战争的胜利做出了突出的贡献。东北抗联精神虽然是抗战时期的产物，但是其精神内涵至今仍影响着这方黑土地的人们。习总书记在视察黑龙江省时曾指出：“黑龙江有不少有利的条件，东北抗联精神、北大荒精神、大庆精神、铁人精神激励了几代人。”作为黑龙江“四大精神”之首的东北抗联精神体现了忠贞报国、勇赴国难的爱国主义精神，勇敢顽强、前赴后继的英勇战斗精神，坚贞不屈、勇于献身的不怕牺牲精神，不畏艰险、百折不挠的艰苦奋斗精神以及休戚与共、团结御侮的国际主义精神[1]。爱国主义是核心，英勇战斗、不怕牺牲、艰苦奋斗是主要内容，国际主义精神是大爱无疆，真理必胜的体现。东北抗联精神不仅成为中国抗日战争史上不可磨灭的印记，也成为新时代中国不可或缺的精神源泉之一[2]，它为大学生的课程思政教育提供了宝贵的教学资源。

二、东北抗联精神融入英语专业综合英语课程的必要性与意义

随着全球化的推进，跨文化交际早已成为经济文化发展中不可避免的重要环节，作为进行跨文化交际最多的英语专业学生理应接受更多的爱国主义教育，培养正确的中西方文化价值观，提高其批判思维能力及文化安全意识，增强其民族使命感。综合英语课程作为英语专业的基础课有责任和义务成为爱国主义教学的前沿阵地。

（一）东北抗联精神融入英语专业综合英语课程的必要性

英语专业人才的培养具有工具性和人文性的特点，工具性突显了英语专业技能培养与其他学科不同的区分性特征，人文性是英语学科的本质属性，语言、文学、文化是其基本内涵[3]，二者相互依存，相互作用，不可分割。因此相较于其他专业，英语专业的学生接触和学习到的西方文化思想更多也更深入。如果没有

正确的中西方文化价值观及批判思维能力，英语专业的学生很容易受西方文化影响产生崇洋媚外的情绪，因此英语专业师生接受爱国主义教育无论是从宏观的人才培养目标的角度，还是从微观的个人发展的角度都是极其必要的。

（二）东北抗联精神融入英语专业综合英语课程的优势及意义

综合英语课程是为英语专业大一大二学生开设的基础专业课程，具有文化覆盖面广、学时多、基础知识延展性强的特点，将东北抗联精神融入本课程中，具有以下三点优势：

第一，时机好。大一是专业学习的基础阶段，此时融入东北抗联精神，可以在学生接触专业学习的最初阶段帮助学生树立正确的中西方文化观，为今后的英语学习打下坚实的思想政治基础。

第二，文化对比性强。综合英语课程分为四个学期，共四册书，内容涉及西方政治、文化、生活等诸多方面，融入东北抗联精神的切入点更多，更直接，文化对比性也更强。

第三，形式多样。综合英语课程的主要目标是培养学生听、说、读、写、译的综合能力，因此其课堂形式更为灵活多样。东北抗联精神的融入途径和形式也更为灵活。

弘扬东北抗联精神有助于实现"立德树人"的人才培养目标。宏观上，弘扬东北抗联精神不仅能够提高我们中华民族的凝聚力和向心力，也可以使学生产生强烈的民族自豪感和使命感，对革命先辈们用鲜血和生命换来的和平更加珍惜。微观上，东北抗联精神所蕴含的不畏艰险、百折不挠的艰苦奋斗精神可以帮助学生正确面对学习和生活中的各种挑战，提高学生的抗挫折能力和幸福感。

三、以东北抗联精神为魂的综合英语课程教学模式

（一）提高教师自身政治觉悟，深刻领会东北抗联精神内涵

教师自身的政治觉悟是课程思政的前提条件也是必要条件。习近平总书记强调："传道者自己首先要明道、信道。高校教师要坚持教育者先受教育，努力成为

先进思想文化的传播者、党执政的坚定支持者。"英语教师需要具备良好的政治素养，培养自身的大局意识、国际化视野，以及坚定的爱国情怀。过去很长一段时间，英语教师存在"重工具性、轻人文性"的现象。一些教师把知识传授和技能训练放在首位，道德情操和文化素养的培育不够充分。鉴于此，近年来，笔者所在学校定期组织教师进行党课学习，将马列主义、习近平新时代中国特色社会主义思想等先进思想的学习列入教师的日常工作中。与此同时，学校结合红色地域特色，以中国抗联中心为平台，强化教师对东北抗联精神的理解，并鼓励教师将其应用于教学活动中。东北抗联精神的爱国情怀、理想信念、战斗意志以及奋斗精神正是我们当下最需要传递给学生的精神财富[4]。英语教师不仅需要熟悉东北抗联的历史，掌握其精神内涵，更要把这种精神化作自身的一部分，真正做到"身正为范，学高为师"。

（二）结合课程内容，将东北抗联的文献资料融入课前预习阶段

综合英语课程教学既需要注重工具性，也需要强调人文性。笔者所在院校综合英语课程采用的是上海外语教育出版社的《综合教程》，共四册，每册分 14 个单元。每个单元都有不同的主题，体现了各个学科领域的最新研究成果，涵盖了英语的基础技能、语言学、文学、文化、人文科学、测试等相关知识点。因此，综合英语课程的课前预习阶段尤为必要。学生需要在课前对本单元的主题背景，包括文化、历史、政治、经济等因素进行调研，搜集相关资料以便更好地理解文章的人文性特点。教师可以根据不同单元主题将东北抗联的文献资料融入此阶段，让学生将课文中的西方文化政治背景与中国的历史事件对比分析，从而培养其正确的中西方文化价值观。

《综合教程》这套教材中有很多单元都是关于战争与和平的主题，从西方文化视角强调战争的残忍与和平的宝贵，还有一些单元是关于人生意义以及拼搏奋斗的励志主题，从普通人的生活到名人传记都传递着西方的爱国主义精神和坚强不屈的精神。对于这些主题的单元，教师可以以潜移默化、春风化雨的方式将东北抗联的文献资料融入学生的课前预习阶段。以《综合教程》第四册第 4 单元 A

View of Mountains（《望远山》）为例，该文章讲述的是一组拍摄于第二次世界大战，记录日本长崎遭受原子弹袭击后景象的照片，历经半个世纪终于在美国纽约展出。作者将重点放在对展出照片的描述上，从照片的凄凉反应战争尤其核武器的残忍。教师可以在课前准备阶段引导学生查阅东北抗联的文献资料中关于日本细菌战的史料，了解一下战争给中国人民带来的灾难，同时对比日本军队在中国犯下的滔天罪行与日本平民在战争中遭受的痛苦，充分体会一下著名主持人董卿的那句"枪响之后，无赢家！"学生查阅相关资料后，教师利用课前十分钟组织学生用英语将自己的感受以 presentation（演示）的形式彼此分享，在这个过程中，学生不仅有对中西方历史文化的正确解读，还可以强化"中国文化走出去"的翻译能力和表达能力。

（三）结合课内知识点，以东北抗联文献中的句子为课内扩展范例

综合英语课程教学以提高学生英语的综合素质为目标，课内知识点涉及词汇、语法、听力、阅读、写作、翻译等多种基本训练要素。教师在进行课内教学的过程中，可以结合知识点引入东北抗联时期中英文献中的句子，让学生从简单的知识点的学习升华到思想文化的习得。例如在讲解课文中时态及其翻译方法时，可以依托本校的中国抗联研究中心所提供的抗联资料和中国社会科学院近代史研究所主编的《满铁简报类编》选取恰当句子，作为该知识点的拓展句。例如 Railways have furnished the most conspicuous and important advance in the past year's record. The words "peace and order" always have figured largely in characteristic stories from Manchoukuo. 翻译为：在过去的一年中，铁路方面取得了最显著、最重要的进步。"和平与秩序"在伪满洲国的独特的历史中一直占据重要地位。这两句是节选自《满铁简报类编》中外媒对当时的伪满洲国即已沦陷的东三省的铁路及社会状态的描述。教师首先引导学生研究这句话的语法及翻译特点，然后引导学生对比中外文献中对这一时期社会状态的不同描述，分析其背后的政治目的，从而提高其批判思维能力及文化安全意识。

（四）利用红色地域优势，组织学生进行课后的实践活动

课后练习和实践也是一门课程中必不可少的一个环节。综合英语课程的课后练习形式也较为灵活，学生既可以根据单元主题进行延伸性的调研，也可以进行基础知识的专项训练，还可以利用各种资源进行课后实践。结合东北抗联精神，依托本校的抗联研究资源，笔者根据课程内容组织学生以小组为单位将中英文抗联文献由大一第一学期的对比异同拓展到大二第二学期的英汉互译，以期在提高学生的英语语言能力的同时，以"如盐化水"般的方式对学生进行课程思政，培养学生的文化自信心与民族使命感。

另外，笔者所在院校地处黑龙江省牡丹江市，这里曾是东北抗日联军的主战场之一。因此，可以充分发挥地域优势，开展丰富多彩的实践教学，体现理论联系实际、知行统一的特色课程思政。通过参观抗联纪念馆、抗联烈士陵园和战斗旧址，吃抗联饭、唱抗联歌、走抗联路等活动让学生踏着当年东北抗联战士的足迹，体验抗战时期艰苦的条件，从而受到思想上的洗礼，能够更好地做到中西方文化的有机结合，为"中国文化走出去"战略贡献一份力量。

四、结语

将东北抗联精神融入综合英语课程中，不仅能够帮助学生树立正确的文化价值观，增强其民族自豪感，提高其爱国热情和民族使命感，更能够让学生清醒地意识到国家的和平统一来之不易，稳定才能发展，维护祖国的和平统一是每个中国人义不容辞的责任。

参考文献

[1] 何伟志. 新时代视域下的东北抗联精神[J]. 世界桥，2020（03）：4-8.

[2] 王育伟，杨敬民. 东北抗联精神[M]. 北京：中共党史出版社，2019：33-147.

[3] 张绍杰. 改革开放 40 年外语人才培养——成就与反思[J]. 中国外语，2019（06）：4-10.

[4] 张林影，王钰. 课程思政视角下东北抗联精神融入《英汉笔译》课程教学研究[J]. 牡丹江师范学院学报（社会科学版），2021（03）：110-112.

大学英语课程思政智慧化教学研究

◎ 王丹丹　　牡丹江师范学院 西方语言学院

[摘　要] 为了挖掘大学英语课程中的思想政治教育内容，落实立德树人的根本任务，结合智慧教学理念，从教学理念、教学设计、教学资源和评价反馈等方面，探索如何建构大学英语课程思政智慧化教学模式。

[关键词] 智慧教学；大学英语；课程思政

一、智慧化教学理念

智慧教学是以多元交互、移动互联为特征，基于信息技术的支持利用移动学习工具（学习通、云班课、雨课堂、U 校园等）开展泛在化、个性化和智慧化的教学活动。智慧教学必须依托于课堂教学，倡导运用移动互联网支持课堂教学，其核心是教学思想和教学理念的智慧化。未来的教学更加注重学生个性化和多样化的发展，培养学生主动探究式的学习，养成终身学习的理念。

---

* **基金项目**：牡丹江师范学院新冠疫情防控与应对专项项目（YQFK2020016）；牡丹江师范学院课程思政教学改革项目（KC-SZ-2020066；KCSZ-2020031）；黑龙江省高等教育教学改革项目（SJGY20200744）；牡丹江师范学院学位与研究生教育教学改革研究项目（MSY-YJG-2018GG001）。

作者简介：王丹丹（1983—），女，黑龙江伊春人，副教授，硕士学位，硕士生导师，主要从事英语教学、语言学及应用语言学研究。

二、智慧化教学设计

（一）课前线上自主学习

以《新视野大学英语读写教程》第二册第四单元 Text A *Journey Through the Odyssey Years*（《奥德赛岁月之旅》）为例，其主题为青少年成长。文章将人生阶段重新划分，增加了奥德赛岁月，将其定义为从高中毕业贯穿整个大学阶段并延续至立业成家之际的一段时期，鼓励年轻人要努力学习、积蓄力量、满怀信心地去面对竞争，顺利度过奥德赛岁月。本文的关键词为奥德赛岁月，为了帮助学生更好地理解这一关键词和更快地进入单元主题，课前教师通过 U 校园发布补充学习视频："Brief introduction to Homer's *Odyssey*"（《荷马之奥德赛简介》）和 "What are the Odyssey Years?"（《什么是奥德赛岁月》），结合课文内容和主题设定本单元的思政目标为青年人的价值观塑造——职业理想和就业观。同时发布线上自主学习任务，如预习单词、了解课文大意、思考问题、课堂讨论话题、在线测试等，充分利用学生的碎片化时间，最大限度地提升学习效率。

课前线上自主学习可以向学生提供优质的语言和思政输入，学生也可以在自主学习的过程中潜移默化地接受思政教育。

（二）课中混合交互学习

课堂教学以"怎么学"为中心开展，强调以学生为主体，以交际互动为主线，以思政育人为目标。混合交互学习是发生在学生和学习环境之间的一种交互活动，包括师生交流、生生交流和人机交流。教师利用移动终端和在线教学工具，将线上自主学习与课堂交互学习无缝对接。针对学生课前自主学习内容进行在线测试，掌握学生的学习情况，根据测试结果，发现学生知识点和价值观上的短板，确定课堂讲解的重难点。依托课堂开展课文讲解、互动讨论和成果展示等课中环节。

课堂教学时间在一定程度上限制了课堂教学中师生交流和生生交流的范围，而移动教学工具（雨课堂、云班课等）的使用在实现课堂互动和讨论效果的最大化的同时还可以提升学生参与课堂活动的积极性和参与度，尽可能让全体学生参与课堂，帮助学生习得知识和提升思想。

（三）课后实践合作学习

课后实践重在输出驱动。根据课中交互学习的内容，结合思政育人目标，设计项目型、任务型、产出型等作业任务，鼓励学生开展合作，运用知识，训练技能，输出成果。Unit 4 Text A *Journey Through the Odyssey Years* 的课后作业之一为，对比处于奥德赛岁月时期的中美青年人的异同和成因。为完成本次作业，学生需将作业任务分解成一个个子任务，如处于奥德赛岁月时期的中国青年人的特点、形成这些特点的因素、处于奥德赛岁月时期的美国青年人的特点、形成这些特点的因素等。每个小组成员承担一项子任务。学生借助图书、网络等资源进行资料的收集和分析，最后进行汇总，通过小组讨论对资料进行整合、判断和评价，得出本次作业的合理结论。这个过程包含了隐性知识传播、显性知识获得和知识技能习得三个阶段。[1] 学生通过独立思考、集体讨论、合作探究完成课堂知识的内化，学习成果的产出，实现了学用结合、升华思想和生成智慧的目标。

课后实践合作学习主张通过小组合作共同输出一个学习成果，小组成员承担不同的任务或角色，互相帮助，共同合作完成作业任务。每个小组成员的贡献度直接影响小组的整体成绩，这样既有利于提高学生的参与积极性，增强学生的语言习得能力、强化协同学习意识，又有利于自主学习和实践能力的培养，有助于将内化于心的思政内容，外化于行动之中，综合提升学生的语言能力、文化素养和思想意识。

三、智慧化教学资源

大学英语课程思政智慧化教学模式的核心在于优化教学资源。要遵循外语教学的客观规律，深挖教材中的思政元素，寻找时政热点与教材内容的契合点，以丰富的素材向学生进行思想政治教育，做到"以文化人，以文育人"。Unit 4 Text A *Journey Through the Odyssey Years* 一文阐述了处于奥德赛岁月的美国青年的身心特点——压力、焦虑、徘徊、迷茫等。结合这一内容，向学生推荐课后阅读材料《习近平的七年知青岁月》，引导学生在青年时期要志存高远、处优不养尊、受挫不短志，争做有时代担当的新青年。

教师要整合线上和线下的教学资源，利用网络和大数据技术对教学资源进行科学的筛选和甄别，打造优质的教学资源库，开发思政资源，将思政元素贯穿于课前、课中、课后三个阶段的教学之中，在知识传授和能力培养的同时塑造学生的价值观。

四、智慧化评价反馈

智慧化评价体系要重视过程性评价，融思政元素于评价内容之中，评价主体由教师变为教师和学生。[2]

（1）教师通过学习平台和智慧教学工具获取学生参与课堂活动和学习活动的信息数据，根据数据统计及时对学生的学习过程进行评价。

（2）教师采取测试、问卷、讨论等形式进行评价，通过在线语音、文字、视频等形式进行双向交流与反馈，实现评价反馈形式的多元化和可视化。将评价反馈贯穿大学英语学习全过程（包括课前线上自主学习、课中交互学习、课后实践合作学习），体现评价反馈的即时性、形成性、伴随性、诊断性的特点，实现评价反馈对大学英语教学的导向、诊断、激励、决策等功能，更好地助力大学英语课程思政建设，提升学生的语言能力和思想意识。

五、结语

大学英语课程，作为覆盖面最广、受众最多、学时较长的通识类必修课必然要与思想政治教育有机结合，同向同行，共促协同育人的效果。大学英语教师作为课程思政智慧教学实施的主体要转变教学理念，提升信息素养，积极参与到课程思政智慧教学之中，实现"立德树人"的根本目标。

参考文献

[1] 王明华. 协同理论视域下课程思政体系建设的策略研究 [J]. 学校党建与思

想教育，2019（06）：33-35.

［2］陈菲菲.“双互”模式下大学英语课程思政的建设研究［J］.外语教育与翻译发展创新研究（第九卷），2020（06）：37-40.

用东北抗联精神引领思政课程教学模式创新*

◎ 王雅馨　　牡丹江师范学院 马克思主义学院

◎ 郑云波　　牡丹江师范学院 历史与文化学院

[摘　要] 在中国共产党百年的光辉历程中，各地区都形成了独具特色的革命、建设和改革精神，构成了中国共产党的精神谱系。牡丹江地区用东北抗联精神因地制宜地开展思政课教学，挖掘东北抗联精神新时代内涵，将东北抗联精神融入思政课程教学，为思政育人进行了有益探索。

[关键词] 东北抗联精神；思政课程；教学模式

东北抗日联军十一个军，大多数在牡丹江地区战斗过，留下了宝贵的精神财富，把东北抗联精神融入思政课中，能够引导大学生把爱国志转化为报国行。

一、挖掘东北抗联精神的新时代内涵

（一）东北抗联精神是爱国主义精神的真实写照

爱国主义是为祖国独立、繁荣和富强贡献力量的强烈责任感，以及不惜牺牲自己的一切的献身精神[1]。九一八事变后，民族危亡关头，牡丹江地区的优秀儿女以"天下兴亡，匹夫有责"的担当，挺身而出、勇赴国难，誓死不当亡国奴，

* 基金项目：黑龙江省经济社会发展重点研究课题（基地专项）（课题编号：18213）；牡丹江师范学院课程思政项目（KCSZ-2020010）；黑龙江省高等教育教学改革项目（SJGY20190690）。

作者简介：王雅馨（1980—），女，黑龙江牡丹江人，讲师，博士，硕士生导师，主要从事中国近现代史、东北抗联精神研究。郑云波（1965—），女，黑龙江牡丹江人，教授，博士，硕士生导师，主要从事中国近现代史、东北抗联史研究。

将拯救民族危亡的爱国主义情怀展现得淋漓尽致。

（二）东北抗联精神是不畏牺牲精神的动人诗篇

冯仲云曾感慨：烈士们用他们的血肉之躯铺平了我们光复的大道。[2]抗战十四年，无数东北抗联将士为保卫牡丹江这片美丽的热土献出了宝贵的生命。八女战士、陈翰章、冯丕让……每每提及这些名字，人们都潸然泪下。

（三）东北抗联精神是艰苦奋斗精神的最好诠释

习近平总书记讲：只要中国人民和中华民族勇于为改变自己的命运而奋斗牺牲，我们的国家就一定能够走向富强，我们的民族就一定能够实现伟大复兴！

东北抗联的斗争，与红军长征、赣南三年游击战被称作中国革命史上的"三大艰苦"，"火烤胸前暖，风吹背后寒"是抗联战士艰苦生活的真实写照。抗联将士就是在艰苦的环境中，战斗不息，奋斗不止。

二、构建用东北抗联精神铸魂育人的教学模式

（一）打造线上线下联动平台，建设东北抗联精神特色思政课

线上线下混合教学，最重要的原则是线上有内容，线下有活动。线上有内容，就是不断充实网络教学资源，合理利用网络资源，把网络变成思政课的新阵地。牡丹江师范学院开通了东北抗联精神微信订阅号、东北抗联精神网站学习专栏，在智慧树平台推出了东北抗联精神网络课程，目前已经运行 5 个学期，累计 2.57 万人选课，覆盖 85 所学校，参与互动 15.72 万次。线下有活动，就是不断建立和完善实践教学基地，合理利用东北抗联遗址遗迹资源，积极寻求与红色场馆合作，开展丰富多彩的实践教学，体现理论联系实际、知行统一的思政课特色，组织学生参观抗联纪念馆、抗联烈士陵园和战斗旧址，吃抗联饭、唱抗联歌、走抗联路等活动，让学生踏着当年东北抗联战士的足迹，体验抗战时期艰苦的条件，从而受到思想上的洗礼，促进知识体系向信仰体系转化。

（二）打造各部门联动平台，建设东北抗联精神校园文化

习近平总书记强调：要坚持把立德树人作为中心环节，把思想政治工作贯穿

教育教学全过程，实现全程育人、全方位育人。东北抗联精神不仅要融入思政课，而且要助力课程思政，引导中文专业学生开展抗联文学创作，引导外语专业学生开展抗联外文资料翻译，引导美术专业学生开展抗联绘画、雕塑等艺术创作，引导音乐舞蹈专业学生开展抗联舞台剧排演等。调动一切力量，共同开展抗联校园文化建设。举办抗联文创展，组织学生观看抗联影视作品、歌舞剧，设立抗联主题读书月，开展抗联精神演讲比赛等，充分发挥抗联精神鼓舞人、影响人、塑造人的功能。

（三）打造高校思政区域联动平台，建设东北抗联精神育人联盟

牡丹江地区丰富的东北抗联遗址遗迹资源，使得东北抗联精神成为牡丹江高校思想政治教育的特色品牌。黑龙江农业经济职业学院联合牡丹江师范学院共同录制网络思政课思想道德修养和法律基础关于东北抗联精神的部分内容；牡丹江师范学院也联合牡丹江医学院、牡丹江技师学院开展了东北抗联精神宣讲共建活动。以东北抗联精神为纽带，促进了牡丹江地区高校之间思政教育的交流与合作。各高校逐渐建立思政育人联盟，不断拓宽思想政治教育的途径和内容。

三、东北抗联精神思政育人的优势

（一）东北抗联精神为开好思政课提供了鲜活的理论案例支撑

在东北抗联将士身上我们看到了一群鲜活的生命战斗在最艰苦的岁月里，他们爬冰卧雪，冒着呼啸的寒风，常常食不果腹，他们不分黑夜和白昼，时刻都要准备杀敌冲锋。这些最可爱的人就曾经战斗或牺牲在我们学习生活的这片土地上，用这样的案例进行爱国主义教育、理想信念教育、艰苦奋斗教育，学生内心震动、情感共鸣，达到铸魂育人的思政效果。习近平总书记说："历史是最好的教科书，也是最好的清醒剂。中国人民对战争带来的苦难有着刻骨铭心的记忆，对和平有着孜孜不倦的追求。"（出自"2014 年 7 月 7 日，习近平总书记在纪念全民族抗战爆发七十七周年仪式上的讲话"）

（二）东北抗联精神为思政课上唤醒学生逐梦初心提供了航船舵盘

用东北抗联精神引领思政课，有利于在学生心中播下真善美的种子，形成正确的世界观、人生观和价值观，把握好人生前进的方向。东北抗联将士都有一颗为实现国家独立的初心，都有肩负着民族解放的使命。因为不忘初心，他们在艰苦卓绝的斗争环境中同敌人血战到底，因为牢记使命，他们在敌人的威逼利诱面前没有动摇理想信念。在最黑暗、最无助、最万念俱灰的时候，抗联将士用灵魂，用血性，支撑着中华民族的脊梁。在战火硝烟的艰难岁月里，东北抗联战士始终不放弃抵抗外敌的艰苦斗争，始终不抛弃忠贞爱国的理想信念，这对中华民族从受压迫到赢得独立解放起到了重要的作用。这种精神也将成为当代青年强起来的精神之钙，融入在他们砥砺奋进的血液中。

四、结语

牡丹江地区高校应该依托本地东北抗联精神资源优势，学透、讲透东北抗联精神，不断挖掘东北抗联精神在新时代的价值，拓宽东北抗联精神融入思政课的有效途径，创新教学模式，用东北抗联精神感染和激励当代大学生把个人前途和国家命运、民族复兴紧密结合在一起，为实现中华民族伟大复兴的中国梦撸起袖子加油干！

参考文献

[1] 黄小军，应竞丽，王华标. 爱国主义教育概要［M］. 成都：四川大学出版社，2005.

[2] 冯仲云. 东北抗日联军十四年苦斗简史［M］. 北京：中央文献出版社，2008.

基于云班课金融学全过程考核质量的量化分析*

◎ 褚文杰　　牡丹江师范学院 数学科学学院

◎ 磨　然　　牡丹江师范学院 数学科学学院

◎ 祖培福　　牡丹江师范学院 数学科学学院

◎ 谢　威　　牡丹江师范学院 数学科学学院

[摘　要] 本研究对基于云班课的金融学课程全过程考核质量进行了量化分析。基于云班课平台的教学活动，结合信度分析法，对金融学课程全过程考核进行了综合量化分析。从教学的角度来看，学生能够很好地完成作业，降低了期末复习整理的压力，总体教学情况良好。从学习的角度来看，学生对基础知识掌握的情况较好，参与课堂教学活动的热情较高，但综合理论分析能力还有待提高，总体上课状态良好。基于云班课的线上教学模式，体现了以学为主、以教为辅、教学结合的新理念，提高了学生的学习积极性，提升了教学质量。

[关键词] 云班课；金融学；全过程考核；量化分析

全过程考核是高等学校对课程进行教育教学评价的考核方式之一，也是

* 基金项目：2020 年牡丹江师范学院课程思政教学改革专项（KCSZ-2020028）；2020 年牡丹江师范学院"金课"建设教学改革项目（JK-2020011）；2018 年度黑龙江省属高等学校基本科研业务费科研项目（1353MSYQN016）；2019 年牡丹江师范学院青年项目（QN2019006）；2020 年度黑龙江省省属高等学校基本科研业务费科研项目（一般项目 YB2020007）。

作者简介：褚文杰（1989—），女，黑龙江牡丹江人。讲师，硕士，研究方向为应用数学（随机过程及其应用、应用统计学）。磨然（1988—），男，黑龙江牡丹江人，助教，硕士，研究方向为计算机与技术（计算机网络）。祖培福（1981—），男，山东沂南人。副教授，硕士，研究方向为应用数学（教学建模、应用统计学）。谢威（1981—），女，辽宁省葫芦岛市人，副教授，硕士，研究方向为应用数学（金融教学）。

检测本科生对该门课程基本理论、实践实训水平的重要形式。特别是，随着信息技术水平的不断进步，各种线上教育教学平台应运而生，云班课 APP 就是由蓝墨科技推出的一款综合线上教学活动、线下学习活动的教学辅助工具。疫情期间，根据金融学课程特点，以云班课为平台，通过上传课程学习资源、调动学生线上课堂教学的积极性，以全过程考核的方式，对该门课程进行量化分析。

一、金融学课程的教学现状分析

金融学课程是金融数学专业的主干课程。受新冠疫情的影响，2019—2020 学年度第二学期该门课程采用线上教学、全过程考核方式，同时结合课程特点融入思政元素。本门课程的试题内容涵盖了教学大纲引言、货币与货币制度、汇率与汇率制度、信用与信用体系、货币的时间价值与利息及金融市场等教学内容，基本涵盖了本门课程教学大纲80%的内容,本次考核考查了金融数学1801班和1802班学生对该门课程基本名词术语、基本理论、基础原理以及运用本门课程知识进行案例分析的综合运用能力，同时该门课程也是后续学习和工作的基础课程，也是提升学生考研能力的重要科目之一。本次考核设平时成绩（15 分）、各章月考测试（100 分×20%）、案例分析（15 分）和综合测试（100 分×50%），其中平时成绩由云班课成绩（总经验值 50%+测验值 50%）构成；各章月考测试由主体教学的五章测验构成；结合疫情时期经济特点，分别针对抛售美债和美国印钞两个案例进行分析，每项案例 20 分，按比例折算至 15 分；基于云班课发布期末综合测试，经折算成百分制成绩后，按50%计入总成绩。针对该门课程的考试质量分析，本文利用 SPSS 软件、EXCEL 表及蓝墨云班课平台对本次考试进行综合分析。

二、基于云班课的平时成绩考核分析

由于本学期采用线上教学，使得教学资源较比以往更加丰富，此部分成绩的核算来源于蓝墨云班课平台。本学期共上传资源102 个，班级成员 62 人（含跟班

重修），组织签到 37 个，发布测试 12 个，组织头脑风暴 18 个，设置轻直播/讨论 31 个，发布作业/小组任务 42 个，开展投票问卷 12 个，课堂表现 5 个。

（一）基于云班课的资源报告量化分析

本学期共发布资源 102 个，共计 814 经验值，主要发布形式为视频类、文档类。

针对资源学习情况，80%的同学均能够认真完成所发布的学习资源，但是仍有部分学生未能获得全部资源学习经验值，资源查阅时间分布在 8:00～11:00 之前，说明在教学期间学生基本能够完成对资源的学习，效率较高。

（二）基于云班课的活动报告

本学期共开展 157 个教学活动，主要形式有作业/小组任务 42 次，占 26.75%；签到 37 次，占 23.57%；轻直播/讨论 31 次，占 19.75%；头脑风暴 18 次，占 11.46%；投票问卷 12 次，占 7.64%；测试 12 次，占 7.64%；课堂表现 5 次，占 3.18%。

其中，开展投票问卷 12 次，投票题目 24 个，参与 734 人次，收获投票 1436 票；开展头脑风暴 18 次，参与 1107 人次，发表观点 1107 个，获赞 6 人次；发布轻直播/讨论 31 次，参与 1909 人次，消息总数 6221 个，获赞 1773 人次；开展测试 12 次，参与 747 人次，交卷总数 747 个；开展作业/小组任务 42 次，参与 2561 人次，提交结果 2759 个；共发起 37 次签到、5 次课堂表现，共选中学生 40 人次。

（三）基于云班课的学情分析

本学期授课班级为金融数学 1801、1802 班，采用合班授课形式，班级共计 62 人（含 3 人重修），基于蓝墨云班课的学情分析结果为 62 人中 60 人优秀（占 96.77%）、及格 2 人（占 3.23%）、入门 0 人（占 0%）。针对上述经验获得的方式，多数同学来源于查阅资源，原因是本学期采用线上教学方式，通过云班课平台发布授课所需视频、PPT 等学习资料，共获经验值 50331，占 42.2%；来源于作业活动次之，获得经验值 36547，占 30.64%，原因是本学期绝大部分节次均要求学生上传课堂笔记；来源于参与活动的经验值共 24257，占 20.34%；来源于考勤的经验值共 4558，占 3.82%；来源于被点赞的经验值共 3400，占 2.85%；来源于课堂表现的经验值共 167，占 0.14%。针对经验值较低的学生，其原因是在作业的完成度及得分的综合性低于平均水平。

三、基于月考考核成绩的量化分析

依据本学期授课计划，以章节的形式划分本学期月考，共 5 次；本学期的月考以客观题为主（含单选题、多选题、判断题），最终总成绩以百分制计算后，依平均分×20%计入全过程考核成绩，本次月考信度为 0.869，良好，详细情况如表1 所示。

表 1　金融学月考考核教育测量综合评价表

项目	平均值	标准偏差	关联效度	难度	区分度	信度
月考成绩	83.94	6.30	1	83.94%	0.14	0.762
第一章 货币与货币制度月考	78.93	11.30	0.481	78.93%	0.27	0.862
第二章 汇率与汇率制度月考	78.99	9.27	0.596	78.99%	0.22	0.821
第三章 信用与信用体系月考	86.07	8.32	0.616	86.07%	0.2	0.816
第四章 货币的时间价值与利息月考	87.13	7.15	0.675	87.13%	0.16	0.808
第五章 金融市场月考	88.59	7.26	0.573	88.59%	0.14	0.825

由表1可知，第四章月考与月考成绩的关联度较高，第三章次之，其余章节的关联度尚可；总体月考成绩较易，除第一章、第二章月考属于中等难度外，其余章节难度较易；第一章、第二章、第三章月考的区分度尚可，但总体月考的区分度和第四章、第五章月考的区分度还需要在以后的测试中进行修改；相对于总体测量信度而言，删除任何一次月考都不会提升总体测试的信度值。由此可得本次月考学生的成绩分布直方图，如图1所示。

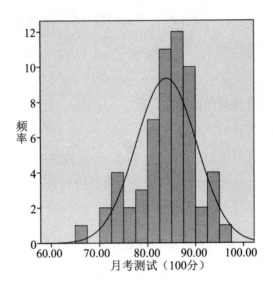

图1　金融学月考之学生成绩分布直方图

四、基于全过程考核的综合成绩量化分析

受疫情影响，同时考虑对学生基于金融学原理的实践应用能力的训练，本学期的考核采用全过程方式进行考核，即平时成绩+月考成绩+案例分析+综合测试。基于标准化项目的本次全过程考核的克隆巴赫系数，即信度为0.705，测试效果可以接受，综合各项成绩对全过程考核成绩分析如下：

表2　金融学全过程考核教育测量综合评价表

各项	最小值	最大值	平均值	标准偏差	难度系数	区分度	关联效度	项目删除后的克隆巴赫系数
综合得分	61	89	76.71	6.46223	76.71%	0.15	0.973	0.342
平时成绩	12	15	13.36	0.6092	89.07%	0.08	0.47	0.705
月考测试	65.74	95.78	83.94	6.29652	83.94%	0.14	0.439	0.621
案例分析	10.13	14.25	11.67	1.01997	77.80%	0.15	-0.001	0.723
综合测试	44	91	69.8	11.23845	69.80%	0.27	0.738	0.52

因此，由表2对本次全过程考核成绩进行综合分析可知：综合得分（100分）：最小值61分、最大值89分、平均值76.71分、标准偏差6.46223、难度系数0.7671、

区分度 0.15、关联效度 0.973、删除此项后的信度为 0.342；平时成绩（15 分）：最小值 12 分、最大值 15 分、平均值 13.36 分、标准偏差 0.6092、难度系数 0.8907、区分度 0.08、关联效度 0.47、删除此项后的信度为 0.705；月考测试（100 分）：最小值 65.74 分、最大值 95.78 分、平均值 83.94 分、标准偏差 6.29652、难度系数 0.8394、区分度 0.14、关联效度 0.439、删除此项后的信度为 0.621；案例分析（15 分）：最小值 10.13 分、最大值 14.25 分、平均值 11.67 分、标准偏差 1.01997、难度系数 0.7780、区分度 0.15、关联效度 -0.001、删除此项后的信度为 0.723；综合测试（100 分）：最小值 44 分、最大值 91 分、平均值 69.8 分、标准偏差 11.23845、难度系数 0.6980、区分度 0.27、关联效度 0.738、删除此项后的信度为 0.52。说明本次全过程综合测试难度属于中等难度水平，其中平时成绩、月考测试较易，案例分析属于中等难度，综合测试相对较难；综合成绩、月考测试、案例分析的区分度需要调整，平时成绩区分度不合格，需要重新修订，综合测试的区分度尚可；相比各测试环节综合测试与总体测试的关联效度较高；删除案例分析项会提高综合测试的信度，说明案例分析需要在以后的考核中进行调整。

五、基于云班课的教学情况综合评价

从教学的角度，教学内容符合大纲要求，本学期授课采用线上线下配合学习的形式，本门课程需要学生在学习《微观经济学》《宏观经济学》的基础之上进行学习，对基础程度要求较高，并能够结合实际情况，利用金融学原理进行相关分析。本学期的授课均采用线上教学（云班课+QQ 群），在讲授过程中利用蓝墨云班课的平台，采用抢答、举手、随机提问、同学之间互助回答问题等形式调动学生上课的积极性，通过在该平台上的随堂测试使学生及时掌握本节课的内容，并发布线上学习资源，让学生能够对所学课程进行及时的复习，让学生先对作业进行纸质的整理，再通过上传图片的形式传入蓝墨云班课的平台，既能够使学生很好地完成作业，又能降低学生期末复习整理的压力，总体教学情况良好。

从学习的角度，该班学生的学习状态、班级的学风、班级学生的基础水平相

对较好，能够积极地配合教学，通过数据分析可以看出该班同学对基础知识掌握的情况较好，但对综合理论的分析还有待提高，参与课堂教学活动的热情较高，总体上课状态良好。

综上所述，基于云班课的线上教学模式，实现了疫情期间高校教学模式的新途径，体现了以"学"为主、以"教"为辅、"教""学"结合的新理念，将传统的以考试结果衡量学生的学习效果，转变为更注重学习过程及实践应用能力的考察，不仅提高了学习的积极性，同时也增强了日常的授课效果，提升了教学质量。

参考文献

[1] 沈得芳."互联网+"背景下《金融学》课程教学改革的探讨[J].高教学刊，2020（20）：137-139+143.

[2] 刘慧，王成武，蔡江东.线上线下混合式"金课"建设探索——以应用型高校钢结构课程为例[J].大学教育，2020（07）：73-75.

[3] 龚彩玲.基于蓝墨云班课的 SPOC 翻转课堂教学实践——以中药制剂技术课程为例[J].卫生职业教育，2020，38（11）：51-53.

[4] 屠献芳.基于智能云教学的"商务英语听说"课程教学设计与实践探索——以蓝墨云班课 APP 为例[J].科教文汇（上旬刊），2020（06）：171-173+180.

[5] 王文蕊，赵文英.基于改进 logistic 模型的中国研究生毕业生数预测分析[J].黑龙江科学，2020，11（11）：162-164.

[6] 曹明明，杨帆."互联网+"背景下金融学课程教学改革探讨[J].中外企业家，2020（12）：172.

[7] 杨映川，高忠明.浅析考试能力与学科核心素养的关系——以高中物理为例[J].教育与考试，2020（02）：40-44.

[8] 马路贤."互联网+"背景下金融学课程教学改革的几点思考[J].时代金融，2018（29）：322+329.

变态心理学课程中大学生敬业价值观教育的探索*

◎ 贾　蕊　　牡丹江师范学院 教育科学学院

◎ 姜　涛　　牡丹江师范学院 教育科学学院

[摘　要] 变态心理学是心理科学的一个重要分支学科，是心理学专业学生的一门主干课程。"敬业"作为社会主义核心价值观的一项核心价值要素，是我国公民基本职业价值观的重要内容。有必要在变态心理学课程中融入敬业价值观的教育。从认知、情感态度、意志行为三个角度分析心理学专业敬业价值观的内容要求，并提出在变态心理学课程中实施敬业价值观教育的具体建议。

[关键词] 变态心理学；敬业价值观；课程思政；教育

一、问题的提出

变态心理学，又译为异常心理学，是心理学专业学生的一门主干课程，是研究和揭示心理异常现象发生、发展和变化规律的一门科学[1]。通过本课程的学习，能提高学生身为"心理人"的责任感和使命感。"敬业"作为社会主义核心价值观的一项核心价值要素，也是师范类大学生职前教育的重要内容，充分发挥专业课在课程思政中的作用，将知识传授与价值引领相结合[2]，为毕业生未来职业活动

* **基金项目**：黑龙江省高等教育教学改革研究重点委托项目（编号：SJGZ0015）；牡丹江师范学院课程思政教学改革专项立项（编号：KCSZ2020051）；牡丹江师范学院课程思政改革专项立项（编号：KCSZ2020040）。

作者简介：贾蕊（1981—），女，山东兖州人，牡丹江师范学院教育科学学院，讲师，发展与教育心理学硕士，主要从事发展与教育心理学、家庭教育学研究。姜涛（1982—），女，内蒙古阿荣旗人，牡丹江师范学院教育科学学院副教授，硕士，研究生导师，主要从事发展心理学、积极心理学研究。

做准备。敬，有尊重、恭敬的意思[3]。敬业，则是指专心致力于学业或工作[4]，最早来源于朱熹"敬业者，专心致志以事其业也"[5]。具体来说，敬业要求人们在从事学业或工作的过程中，心怀敬意，保持一种对学业或工作本身的专心致志、精益求精、追求卓越的精神，有助于促进人们超越对职业的工具性态度和功利主义倾向，自觉自愿投入其中[6]。敬业价值观是个体价值观在职业领域的体现，影响着大学生的职业观念、职业态度、职业选择和职业能力。[7]

二、心理学专业敬业价值观的内容要求

（一）在认知上，对本专业的工作心怀敬意，有身份认同感

认知是情感态度和意志行为的基础。只有在认知上，切实认识到本专业工作的价值，看到心理学的重要性和意义，才能真正积极主动地投身到心理学的学习和工作中。在此基础上，理解心理学专业不同职业和工作只是分工不同，都是个体实现自我价值的载体，都是心理学服务于不同对象的渠道，从事心理学类的任何工作都是值得尊重的。通过心理学专业的学习，形成"我是心理人"的身份认同感，对心理学心怀敬意，对服务于心理健康的工作心怀敬意；以自己身为"心理人"的身份为自豪。在心理学的学习和工作中，认识到心理学的内在价值，有助于增强不同职业群体心理工作者之间，及与其他职业群体之间的相互沟通和理解，有助于促进平等互助的社会关系的形成，助力社会发展和民族伟大复兴。

（二）在情感态度上，树立职业责任感和职业使命感，热爱自己的专业和岗位

情感态度是指在认知基础上形成的对一定对象的情感体验和态度倾向性。只有热爱自己的专业和岗位，才能真正投入其中，努力做到"干一行，爱一行"。每一份职业和工作，都承载着从业者对工作对象和社会的承诺，都具有明确的责任和使命。每一位从业者都应该信守承诺、明晰责任，自觉维护职业的荣誉，养成职业责任感和职业使命感，在工作中积极主动、认真负责、不怕困难、勇攀高峰。心理学专业的职业以人们的心理为服务对象。需要从业者热爱本职，成长自我，运用自己，"助人自助"。而心理学的专业知识系统庞杂且更新快，需要从业人员

具有不断学习的积极态度，且乐在其中，不断成长，为更好地助人奠定个人基础。在心理学的学习和工作中，树立责任感和使命感，有助于在今后的工作中，积极主动、尽职尽责、精益求精、不断进步。并且拒绝工具主义和功利主义的侵袭，爱岗敬业，谦卑好学，不仅能够做好本职工作，还能在工作中合作共赢，不断进取。

（三）在意志行为上，秉持职业使命感，恪尽职守、精益求精

意志行为是认知和情感态度的外部体现，是敬业价值观教育的最终落脚点。在工作中，从业者的职业选择、职业精神、具体行为和职业能力都是意志行为的体现。心理学要求从业者要有终身学习的理念，并且能够博采众长，融会贯通、精益求精，不断创新和完善，不断成长，这些都离不开坚强的意志和不懈的努力。在意志行为上，秉持职业使命感，恪尽职守、精益求精，才能真正做到"干一行，钻一行"，成为一名合格的心理学从业者，为我们的服务对象负责。

三、实施敬业价值观教育的建议

（一）将敬业价值观教育贯穿全课程

从变态心理学的研究历史、研究方法、病因分析、治疗方法，到具体病症的诊断、分析与治疗的学习，有助于学习者区别正常心理与异常心理并做出具体诊断，从生理—心理—社会医学模式的角度分析心理问题存在的原因，以及对不同心理问题提出针对性的干预和治疗方案，这些内容都与未来工作有关。因此，需要在这个课程的从始至终贯彻敬业价值观教育。

在课程开课前，将本课程的培养目标、教学目标及课程与毕业要求的关联清晰地传达给学生，让学生充分了解本课程的学习目标及与未来就业的关系。课程教学过程中，任课教师对每一知识点所涉及的未来从业观念、从业态度、从业技术等进行点拨和提醒，积极引导学生形成"心理人"的身份认同感和职业认同感，同时树立职业责任感和职业使命感。在课程结束后，相关教育管理人员可以结合任课教师的综合评价，针对此课程进行终结性评价，激励学生热爱心理学，为敬

业爱业、不断进取奠定基础。

（二）充分发挥课程的人格教育意义，促进敬业价值观教育

教学互动中，可融合人格教育，对学生进行尊重、平等、友善、合作、诚信、乐观、责任感、感恩、勇敢等人格品质的引导和启发。这些人格品质的形成和提升，可以进一步促进敬业价值观的教育，为未来从业者的素质提升贡献力量。应充分挖掘教学互动过程中对学生的人格教育意义，促进学生人格健康发展，为敬业价值观的发展起到奠基和推动作用。教学互动中，任课教师应注重师生互动，积极鼓励学生发声，耐心倾听学生的声音，有针对性地进行引导和启发。将人格教育融入教学中的点点滴滴，达到润物无声的效果。同时，任课教师严格要求自己，注重个人提升，与学生的互动中，充分展现尊重、真诚、无条件积极关注等心理学专业态度，为学生树立"心理人"的人格榜样。

（三）加强课程专业教学，以身作则，树立敬业榜样

学生接触最早的心理学从业者应该就是学校里自己的任课老师和学校的心理咨询师等。任课教师在教学过程中以身作则、爱岗敬业、爱护学生、自信豁达、不断进取，同时热爱生活、身心健康、不断成长，为学生树立良好的"心理人"榜样和敬业榜样。所谓"亲其师，信其道"，教师的榜样作用有利于激励学生向老师学习，爱上心理学，以"心理人"自居，并为未来成为一名合格的心理学从业者而努力学习专业知识和成长自我，促进学生个人成长和专业成长共同进行。

（四）立足课程实践，培育敬业精神

组织学生观摩心理咨询中心、精神病院、劳教中心、戒毒中心等心理服务机构，面向不同职业群体，引导其自觉运用变态心理学的理论知识和技能提升发现问题、分析问题和解决问题的能力，树立为服务对象负责的责任意识和为国家心理健康事业奉献的使命感。在课程实践中，提升学生"心理人"的身份认同感和自豪感，并引导学生意识到心理学职业的重要职责和职业要求，推动学生在实践中将心理学的理论知识加以应用，并对"心理人"的职业充满敬意。

参考文献

[1] 张宁. 异常心理学高级教程[M]. 合肥：安徽人民出版社，2007：1.

[2] 田鸿芬，付洪. 课程思政：高校专业课教学融入思想政治教育的实践路径[J]. 未来与发展，2018（04）：99-103.

[3] 中国社会科学院语言研究所. 新华字典[M]. 北京：商务印书馆，2015：249.

[4] 中国社会科学院语言研究所词典编辑室. 现代汉语词典[M]. 北京：商务印书馆，2015：691.

[5] 朱熹. 朱子全书：第2册[M]. 上海：上海古籍出版社，2002.

[6] 孙海霞. 以"敬业"为中心：新时代高校思政课职业价值观教育及其实践路径[J]. 新余学院学报，2019（06）：127-131.

[7] 尚元东，周芷同，马椿沂.《spss 软件应用》课程中大学生学术诚信教育探索[J]. 牡丹江师范学院学报（社会科学版），2021（04）：104-106.

课程思政对健美操课程的影响*

◎ 葛　菁　　牡丹江师范学院 体育与健康科学学院

◎ 邵恩乐　　牡丹江师范学院 研究生学院

◎ 陈　珊　　牡丹江师范学院 体育与健康科学学院

◎ 海维芳　　牡丹江师范学院 体育与健康科学学院

◎ 尹丽娜　　牡丹江师范学院 体育与健康科学学院

◎ 王春霞　　牡丹江师范学院 体育与健康科学学院

[摘　要] 思政元素融入健美操课程教学，可以激发学生的学习兴趣，有助于立德树人，弘扬爱国主义精神，有助于形成团队精神。充分挖掘、利用好健美操课程中的思政元素，最大限度地发挥课程思政的作用，使健美操教学与课程思政水火交融，合为一体，从而进一步促进健美操课程的完善和发展。

[关键词] 课程思政；健美操必修课；教学研究

2020 年颁布的《高等学校课程思政建设指导纲要》中指出"体育类课程要树立健康第一的教育理念，注重爱国主义教育和传统文化教育，培养学生顽强拼搏，奋斗有我的信念，激发学生提升全民族身体素质的责任感"。健美操课程作为高等

---

　* 基金项目：黑龙江省省属高等学校基本科研业务费科研项目（13552D016）；黑龙江省高等教育教学改革项目（SJGY20190690）；牡丹江师范学院学位与研究生教育教学改革研究项目（MSY-YJG-2018GG001）。

　作者简介：葛青（1963—），女，黑龙江齐齐哈尔人，教授，学士，硕士生导师，主要从事体育教学与训练、公共体育服务与健康产业研究。邵恩乐（1996—），女，山西临汾人，硕士研究生，主要从事体育人文教育研究。陈珊（1980—），副教授，硕士，主要从事体育教育训练学研究。海维芳（1987—），讲师，主要从事体育教育教学理论与实践研究。尹丽娜（1980—），副教授，主要从事体育教育训练学研究。王春霞（1979—），讲师，主要从事体育教育训练学研究。

学校体育专业的必修课之一，风格独特：一是需要记忆的动作繁多、复杂；二是动作连接需要在规定的音乐节拍内完成；三是成套动作完成需要练习者注意力高度集中。体育类技能课程又是运动参与过程。课堂教学中，需要学习者认真观察授课教师的身体动作，通过其思维加工、再造后，通过肢体模仿表现出来。因此，学生积极参与课堂教学，用心思考，积极地投身到运动技能学习中，显得十分重要。习近平总书记形象地把"课程思政"比作盐，恰当又生动地描绘出"课堂思政"在教学中的重要地位。饮食中没有盐，食物会清淡无味，没有口感，黯淡失色；盐在食物中既起到满足身体基础代谢，维持生命活力的功能，又起到美味增食、画龙点睛的作用。健美操专业课教学过程中融入课程思政教学方法，符合健美操的教学特点，可以丰富健美操课程的教学内容，培养学生勇于奋进、挑战自我、突破极限、努力向上的体育精神，促进学生身体和心理的健康发育。

一、课程思政可以激发学生的学习兴趣

课程思政元素可以激发学生的学习兴趣。兴趣是产生一切动力的基础，可以激发学生的学习兴趣，使其产生学习动力。生活中的思政元素可以鼓励、感化、教育学生，使其产生学习、向上进取的动力；正确的人生观可以帮助学生规划大学生活，思考人生发展方向；辩证的哲学原理可以帮助学生理解运动项目之间的协作、互助关系，认识到其身体素质的全面发展有良好的推动作用，对运动成绩的提高有积极的促进作用；为国争光的体育明星、英雄劳模、先进人物，会成为学生的人生榜样。通过课程思政元素的渗入，可以提高学生的学习兴趣、学习热情、学习动力、学习愿望。

二、课程思政有助于立德树人

教育的根本任务是立德树人，学校作为为社会主义建设提供后备人才的基地，对学生专业技能的培养和提高担负着重要使命，对学生"品德"的形成更肩负着不可推卸的责任。健美操教学是体育教学的一部分，健美操必修课的教学主

要针对体育专业的学生，这部分学生毕业后就业方向大部分将从事教师工作，因此对其进行学科素养、专业技能、思想品德、文化修养、遵纪守法的教育显得尤为重要。教师一方面要加强专业技能教学，通过专业技能学习反复对身体的磨炼，锻炼其筋骨，磨砺其意志。另一方面要加强科学精神的培育。大学时期是形成人的价值观、人生观、世界观和国家观的关键时期，把课程和思政紧密地融合在一起，把培养和践行社会主义核心价值观与健美操教学的各个环节紧密联系在一起，有利于培养学生顽强的意志，坚韧不拔、吃苦耐劳的精神，立德树人，守正创新。

三、课程思政能够弘扬爱国主义精神

弘扬爱国主义精神是课程思政的重要组成因素。一是从音乐的选择入手，选取具有代表性的、具有爱国情怀的音乐。二是在技术动作教学过程中，加入中国风元素，使学生沉浸在中国文化之中，潜移默化地影响学生的思想，激发学生的爱国之情，促进学生国家观的形成。三是在理论课教学中通过观看精彩的比赛视频，例如女排夺冠、李娜网球夺冠等，唤醒学生对体育的热爱和激情，对国家的热爱之心和荣誉感。四是讲解健美操起源、发展、中国健美操队世界杯夺冠视频及相关的理论知识，激发学生对健美操的学习兴趣以及爱国之情。

四、课程思政有助于形成团队精神

健美操运动本身具有的一种教育功能。充分挖掘、利用健美操课程中的思政元素，最大限度地发挥课程思政的作用，使健美操教学与课程思政水火交融，合为一体，从而进一步促进健美操课程的完善和发展。健美操作为一项体育运动，不仅对学生的技能掌握有所要求，而且对团队合作也提出了更高的要求。通过健美操套路编排过程，可以看出队形的创作编排，动作的整齐划一，整体动作的协调配合，5—6 人的造型搭建都需要整个团队的相互配合、团结协作、友爱互助。

五、结语

杨祥说："课程思政是方法而不是'加法'。"通过挖掘健美操课程中本身所蕴含的思政元素，使学生学习方向性更强，目的性更加明确，使健美操课程的教学体系更加完善，也使课程评价体系更加合理。通过全方位、多层次的评价，促进学生的全面发展，在学生掌握专业技能的同时，也使其成为"有思想、有道德、有文化、有纪律"的合格人才。

参考文献

[1] 刘汉玲. 课程思政视域下高校健美操的教学改革路径探讨[J]. 尚舞，2020（12）：98-99.

[2] 陈惜娜，廖佩文，杨大本. 窥探高校健美操"课程思政"的构建与实施——以广州大学为例[J]. 体育科技文献通报，2020，28（11）：86-87.

[3] 蔡金兴. 课程思政背景下上海市普通高中生体育品德研究[D]. 上海：上海体育学院，2020.

[4] 陈红华. 课程思政视域下成人高校健美操课程混合式教学模式构建[J]. 现代职业教育，2020（23）：48-49.

[5] 张巧云，韩智超. 课程思政理念下高职院校健美操课程教学改革探究[J]. 广东职业技术教育与研究，2020（01）：63-66.

[6] 丁杰. "课程思政"融入高校体育专业教学路径探析[J]. 现代交际，2020（22）：159-161.

[7] 盛宁宁. "课程思政"融入艺术体操课对留学生教育影响的研究[J]. 辽宁体育科技，2020，42（06）：116-118.

[8] 杨祥，王强，高建. 课程思政是方法不是"加法"——金课、一流课程及课程教材的认识和实践[J]. 中国高等教育，2020（08）：4-5.

[9] 赵兴奎. 大学生民族文化责任心状况调查[J]. 牡丹江师范学院学报（社会科学版），2021（01）：105-112.

[10] 徐国华，李树伟. 学校体育与终身体育刍议[J]. 牡丹江师范学院学报（社会科学版），2019（04）：58-60.

课程思政背景下抗联精神在大学综合英语课中的融入研究*

◎ 苏秀云　　牡丹江师范学院 教育科学学院

[摘　要] 近年来，课程思政已成为高校教学研究的重点之一，怎样在教学过程中实现"立德树人"也已成为教师的重要教学内容。本文在课程思政的背景下，以本校的东北抗联研究中心为平台，将抗联精神融入到大学综合英语课堂教学中，发挥东北地方特色"红色文化"育人功能，以期增强学生的民族自豪感，提高学生抗挫折能力及其跨文化交际中的文化自信度。

[关键词] 课程思政；抗联精神；综合英语教学

一、引言

党的十八大以来，"立德树人"成为全国高等院校人才培养的重要目标之一。习近平总书记强调："要用好课堂教学这个主渠道，思想政治理论课要坚持在改进中加强，其他各门课都要守好一段渠、种好责任田，使各类课程与思想政治理论课同向而行，形成协同效应。"[1] 简言之，课堂教学是课程思政建设的"主渠道"，

---

* 基金项目：2019 年度黑龙江省哲学社会科学研究规划一般项目"东北抗战英文文献翻译与研究"（19DJB012）；2020 年度黑龙江省教育厅基本科研业务费项目"满铁剪报有关东北抗战英文资料翻译研究"（1355JG008）；牡丹江师范学院教育教学改革项目："输出驱动-输入促成假设"理论视角下综合英语课程教学中"中国文化失语"现象的对策研究（18-XJ20029）。

作者简介：苏秀云（1981—），女，黑龙江肇东人，副教授，硕士生导师，硕士，研究方向为翻译、跨文化、语言学。

要把课程思政融入课堂教学建设的全过程。英语专业的课堂讲授的是语言，但是语言是文化的载体，因此英语专业课从某种程度上说也是中西方文化交融的汇合处。综合英语作为英语专业的基础课程更应承担起民族文化传播、发展和振兴的重任。抗联精神是东北地区乃至全中国的宝贵精神财富，它所承载的红色基因需要也有必要一代一代地传承下去。抗联精神是一种不畏艰辛、不屈不挠的奋斗精神，是一种吃苦耐劳、艰苦奋斗的革命作风，更是一种不畏生死、保家卫国的爱国主义精神。笔者所在院校恰好地处东北抗联当年的主战场，并成立了东北抗联研究中心。笔者以学校的东北抗联研究中心为平台，借助于课程思政的大背景，将抗联精神融入综合英语课的课堂教学中，以期增强学生的民族自豪感，提高学生抗挫折能力及其跨文化交际中的文化自信。

二、抗联精神背景与内涵

九一八事变后，国民党采取不抵抗政策，将东北三省拱手让给了日本侵略军，致使东北沦陷。为了保护东北人民，保卫东北的大好河山，中国共产党担当起领导东北人民武装抗日的重任，联合一切爱国人士和群众成立了东北抗日联军。面对恶劣的自然环境、艰苦的战斗条件、凶恶且装备精良的敌人，抗日联军的爱国将领和广大人民在长达十四年的艰苦卓绝的斗争中表现出来了热爱祖国、勇往直前、不怕牺牲、不屈不挠、艰苦奋斗的优秀品质，也形成了我们宝贵的抗联精神。

东北抗联精神内涵丰富，除了我们耳熟能详的爱国主义精神、不屈不挠精神、崇高的理想信念和艰苦奋斗精神外，抗联精神还包括国际主义精神。东北抗日联军与日寇的斗争中得到了朝鲜和苏联的大力支持和帮助，同时东北抗日联军也为朝鲜和苏联的反法西斯战争提供了宝贵的情报与帮助。《东北抗日联军历史问题座谈纪要》指出，东北抗日联军是一支体现着爱国主义和国际主义精神的人民抗日武装。抗联精神具有老一辈中国共产党人的红色基因，是我们实现中国梦的坚强支柱。

三、抗联精神融入综合英语课程的必要性

在当前国际形势下，英语专业学生作为进行跨文化交际最多的人群理应了解和弘扬抗联精神，而综合英语课堂作为英语专业的基础课更应将这一宝贵精神财富传承给学生，培养学生民族自豪感及跨文化语言输出能力，从而提升外语人才培养质量。

（一）大学综合英语课程思政的必要性

英语专业的师生不仅学习英语这门语言，同时也接受着西方思想文化的影响。英语教学具有明显的社会文化性。因此在教学过程中，不仅要讲授英语语言知识及其承载的西方思想文化，还要帮助学生树立正确的中西文化价值观，提高批判思维能力及文化安全意识。课程思政不是一门特定的课程，而是一种教学理念，将思想政治教育融入教学活动中，挖掘课程中的爱国情怀、历史担当等思政元素，培养学生的社会主义核心价值观，实现立德树人的人才培养目标。综合英语是英语专业学生的专业基础课，是以语言知识和运用能力为基本教学内容载体，跨文化交际能力贯穿始终的一门课程，具有课时多、课文内容涵盖面广、社会文化信息多的特点。学生在接受西方文化思想的同时，也容易被其思想左右，产生崇洋媚外的情绪。因此，在综合英语课上进行课程思政是十分必要的，让学生在了解本国文化，增强其爱国主义情怀的基础上寻找中西方文化的差异，并探索造成差异的原因，最终形成自我文化的归属感和认同感，从而提升其民族自豪感和跨文化语言输出能力。

（二）弘扬抗联精神的意义

东北抗日联军用生命与鲜血谱写了胜利的篇章，强有力地牵制了法西斯的全球战略步伐，是世界反法西斯战争胜利的坚固后盾，中华民族为人类的进步与世界和平做出了不可磨灭的贡献。弘扬抗联精神不应局限于在国内的报道和宣传，更应让抗联精神走向世界，但是对于抗联历史和抗联精神的外宣材料却很少。根据《满铁简报类编》中所整理的国外同时期关于中国抗联战斗的报道，笔者发现国外对于中国战争的报道过于简单，有些甚至存在失实的政治色彩。因此我们有

必要还原历史，做好抗联材料的外宣工作，让世界知道真相。

从宏观上看，当今世界正处于一个多事之秋，新冠疫情扰乱了全球的正常秩序，国际形势也是瞬息万变。在中国全力以赴控制疫情，有序推进复工复产的同时，国外某些领导人嫁祸于中国，抹黑中国，甚至使用各种手段打压中国。在这样严峻的大环境下，弘扬抗联精神，让抗联精神在世界发声，让世界了解中国历史，了解中国人。我们要让世界知道对于任何列强以任何形式的侵犯，中国人绝不屈服，誓死抗争，但是中国人比任何人都热爱和平，因为我们的和平是如此的来之不易。

从微观上看，英语专业的学生接触西方思想文化、新闻信息比较多，需要学生甄别信息的真假。学习和弘扬抗联精神能够帮助学生了解中国的历史文化，坚定理想信念，增强文化自信，树立正确的政治观。抗联精神的艰苦奋斗、不屈不挠精神能够帮助学生克服学习和生活中的各种困难；而爱国主义精神更是抗联精神的核心，也是当代大学生最需要的品质，一个人缺乏爱国主义精神就如同大树没有了根，任何风吹草动都是致命的；抗联精神所体现出的国际主义精神能够提高学生在应对复杂的国际形势时拨云见日的甄别能力。因此，弘扬抗联精神能够增强大学生的爱国意识、增强大学生承受挫折的能力、坚定大学生的理想信念、培育艰苦奋斗的品质、引导大学生践行社会主义核心价值观。

四、抗联精神在综合英语课堂中的融入途径

综合英语课程既要培养学生的英语语言知识的运用能力，又要发挥立德树人的功能，让学生了解掌握西方思想文化的同时，更要以中华民族历史文化为荣，增强文化自信。笔者依托所在学校的东北抗联研究中心，在课程思政的大背景下将抗联精神融入综合英语课程教学中，以下几点是在实践过程中的心得与体会。

（一）提高教师的思想政治素养，加深其对抗联精神的理解

教师的思想政治素养是课程思政的前提条件和必要条件。而教师的思想政治素养现阶段还存在差距，部分英语教师长期接触西方文化，对于西方思想文化如

数家珍，但对我国的本土文化反而知之甚少，缺乏课程思政的能力。另有一部分英语教师认为思政教育应属于思想政治课程范畴，片面地认为思政教育与己无关。这部分教师只注重英语知识的传授和西方文化的讲解，对于中国传统文化和爱国主义教育在课堂中却很少涉及，缺乏课程思政的主动性。因此，思政教育融入课堂首先要提升教师的思政水平。教师对于学生来说不仅仅是知识的传授者，更是其价值观、人生观的风向标，教师的言行举止都会对学生产生潜移默化的影响。

习近平总书记强调，高校教师要坚持教育者先受教育，努力成为先进思想文化的传播者、党执政的坚定支持者。提高英语教师的思想政治素养，需要加强英语教师的政治学习，对马列主义、习近平新时代中国特色社会主义思想等先进思想的学习需要列入教师的日常工作中。笔者通过学校组织的党课学习，以及重走抗联路，翻译抗联资料等活动加深了对抗联精神的理解。从九一八事变到日本投降，抗联将士们满怀爱国主义情操，在最艰苦的环境下，与最凶狠的敌人抗争了十四年。抗联将士们用鲜血为我们铸就了今日共和国大厦的基石，同时也铸就了伟大的抗联精神。英语教师有责任将这份精神传递给学生，让其在更多的领域和时空发光放彩。

（二）夯实学生的语言基础，弘扬抗联精神，提高文化自信度

英语作为国际交流的工具，越来越受到重视，越来越多的人开始学习并掌握英语。但是对于英语专业的学生来说，竞争压力也越来越大，想要脱颖而出就需要扎实的基本功和过硬的跨文化交际能力。外语学习具有特殊性，在学习过程中需要大量的机械性记忆。大部分学生对于单词、语法和翻译等反复的练习会感到厌倦，这时抗联精神的艰苦奋斗、不屈不挠的精神就成了学生英语学习的精神脚手架，帮助学生度过学习的瓶颈期。将抗联精神融入英语教学中，可以让学生从那些英雄事迹中汲取精神营养，能够更加从容地应对今后人生中的各种压力与挫折，提高学生的抗挫折能力。

扩大抗联精神和中华民族文化在世界的影响力首先需要大量外语人才进行外宣材料的翻译工作，这也是中国文化走出去战略的一部分。这份工作除了要求

译者有扎实的英语基础，更重要的是通晓抗联历史，深刻了解抗联精神。借助于课程思政的大背景，在接受英语知识文化的同时，学生还能了解一些抗联历史，深化抗联精神的内涵，适当进行抗联外宣材料的试译，为抗联精神的外宣材料翻译打下坚实的基础。[2] 同时学习和弘扬抗联精神有助于提高学生的文化自信度。笔者发现通过学习抗联精神，将本土文化与西方文化有机结合，学生的民族自豪感和文化自信心得到了较大提升。

（三）结合课程内容，将抗联精神融入教学环节

综合英语教材的内容都是选自第一手英文资料，内容广泛，涉及家庭生活、伦理道德、文化教育、社会问题及政治问题等一系列课题，能够使学生较为全面地了解西方思想文化。笔者选取其中与文化冲突和战争有关的文章作为融入抗联精神的重要篇章。战争类题材的文章多发生在二战时期，与东北抗联的历史背景接近，选取这类文章作为抗联精神的切入点能够让学生真切地感受到战争的残酷性、抗联精神的宝贵之处以及和平的珍贵。跨文化交际中文化冲突是很常见的，解决的最佳途径就是相互了解和包容。因此在跨文化交际过程中不能只强调外来文化的输入，更要注重本土文化的输出，选取这样的文章作为抗联精神的切入点能够提升学生的民族文化自信度。

抗联精神融入综合英语课堂的形式较为灵活，可以线上线下交互进行。线上可以通过视频、影视材料及相关电子文献为学生提供生动直观的教学材料。线下不仅可以通过课堂讲解、分组讨论、成果展示等环节将抗联精神融入课堂教学中，还可以依托本校的东北抗联研究中心所提供的抗联资料和中国社会科学院近代史研究所主编的《满铁简报类编》，组织学生学习翻译其中的部分文献与资料，让学生不仅了解抗联精神，同时也能提高英语的语言专业能力。

以 *Never Give In, Never, Never, Never* 为例，课文背景是 1940 年二战时期的英国，而同一时期的中国也正遭受着战争的蹂躏，东北抗日联军同期也有很多感人的故事发生。课前预习时学生可以搜集关于抗联的感人事迹，并将其用英语表述出来。这个过程中，学生可以发现壮士喋血，为争民族之气，连残暴的侵略者也

震惊和折服的抗日英雄杨靖宇也是在这一年壮烈牺牲的。当学生用流畅的英语、感人的图片把这段历史展示出来时，内心已经燃起了对英烈，对抗联精神的崇高敬意。当学生看到某些外媒对中国抗日战争的轻描淡写时，心中又燃起了"为中华之崛起而读书"的壮志。课堂上，教师可以引导学生对比中英两国当时的战争环境，从而让学生更加清楚东北抗联是在何种艰苦险恶的条件下与法西斯主义展开斗争的，从而更加深刻地体会抗联精神的真谛。课后，鼓励学生尝试翻译东北抗联研究中心提供的相关材料，做到学以致用。不断地尝试翻译中国文化资料和战争资料有助于提高学生的本土文化输出能力，在今后的跨文化交际中掌握更多的话语权。

除了课堂教学中需要融入抗联精神，教师还应该重视社会实践活动在个体认知发展中的作用，开展相关拓展活动。如利用地域优势，带领学生参观抗联红色景观，一起评议或重译抗联景观的双语介绍牌等，使学生耳濡目染，提升本土文化意识，将其内化于心，从而提高其文化自信度，树立正确的世界观、文化观。

五、总结

抗联精神就是保家卫国的爱国主义精神，就是坚持不懈、艰苦奋斗的英勇革命精神，就是舍小我为大家的牺牲精神，就是团结协作、唇亡齿寒的国际精神。在综合英语课中融入抗联精神，不仅可以引导学生充分了解中国革命史尤其是东北地区的革命史，体会当时的艰苦与艰难，珍惜现今的和平与和谐，并从革命先烈的英勇事迹中汲取精神力量，将其内化于心，在学习中发挥吃苦耐劳、迎难而上的精神，不断提高自己的专业素养及抗挫折能力；还可以弘扬抗联精神，增强民族文化自信度，让抗联精神在世界发声，为中国文化走出去战略贡献自己的一份力量。同时，两者的融合将有利于促进高校英语教育本土化发展，丰富了课堂思政的内容，实现了东北地方特色红色文化育人功能，也期望能为高校课程思政工作提供一点助益。

参考文献

[1] 习近平. 坚持立德树人思想引领, 加强改进高校党建工作[N]. 新华网,
    2014-12-29.

[2] 张林影. 面向东北抗联英文文献翻译的翻译实践模式研究[J]. 江西科技师范
    大学学报, 2020 (02) 124-127.

课程思政的影响下健美操必修课的发展趋势*

◎ 葛　菁　　牡丹江师范学院 体育与健康科学学院

◎ 邵恩乐　　牡丹江师范学院 研究生学院

◎ 陈　珊　　牡丹江师范学院 体育与健康科学学院

◎ 海维芳　　牡丹江师范学院 体育与健康科学学院

◎ 尹丽娜　　牡丹江师范学院 体育与健康科学学院

◎ 王春霞　　牡丹江师范学院 体育与健康科学学院

[摘　要]课程思政的融入，给健美操必修课带来了新的变化：一是授课内容向立体多元化方向发展，二是教学手段和方法迭代创新，三是教学评价体系更加科学。课程思政和专业课的有机融合已经成为未来课堂教学的发展趋势，对树立"健康第一"的体育观念和培养学生爱国主义精神具有重要的指导意义。

[关键词]课程思政；健美操必修课；教学研究

习近平总书记 2016 年 12 月 10 日在全国高校思想政治工作会议上的讲话中强调："要遵循思想政治工作规律，遵循教书育人的规律，遵循学生的成长规律，不断提高工作能力和水平，要用好课堂教学这个渠道。"加强并充分利用学校课堂

* 基金项目：黑龙江省省属高等学校基本科研业务费科研项目（1355ZD016）；黑龙江省高等教育教学改革项目（SJGY20190690）；牡丹江师范学院学位与研究生教育教学改革研究项目（MSY-YJG-2018GG001）。

作者简介：葛青（1963—），女，黑龙江齐齐哈尔人，教授，学士，硕士生导师，主要从事体育教学与训练、公共体育服务与健康产业研究。邵恩乐（1996—），女，山西临汾人，硕士研究生，主要从事体育人文教育研究。陈珊（1980—），副教授，硕士，主要从事体育教育训练学研究。海维芳（1987—），讲师，主要从事体育教育教学理论与实践研究。尹丽娜（1980—），副教授，主要从事体育教育训练学研究。王春霞（1979—），讲师，主要从事体育教育训练学研究。

教学的优势，最大限度地优化体育课堂的资源，在科学合理传授知识的同时，尽可能地实现对学生思想品德的教育，使课程思政和课堂教学有机结合，相辅相成，互相融合。健美操是一项集人体美、运动美、韵律美为一体的运动，是高校体育教学中一门不可缺失的课程，在其课程中融入思政元素，进而提高学生的价值观，提升爱国情怀，强化学习动力，提升审美、鉴赏美的意识，培养积极乐观的心态，打造顽强拼搏的精神，激发努力向上的进取心，一直是健美操同仁们不断追寻、探索、努力的方向。笔者将阐述课程思政的影响下，健美操必修课出现了新的发展趋势。

一、授课内容向立体多元化方向发展

健美操课程是固定套路的教学模式，课程思政的出现推动健美操课程向多元化发展。

一是知识的传授多元化。健美操的历史最早可以追溯到西汉的导引术，随着时间的推移以及社会的融合发展，健美操文化积淀厚重，所以，在课程的教授除了技能传授，还应该围绕体育历史文化主题，传承体育文化信念。

二是学生价值观塑造多元化。通过观看世界级体育精彩比赛视频，培养学生的爱国主义精神。当学生看见五星红旗冉冉升起时，爱国热情跟青春一起飞扬；通过学生清洁室内卫生培养学生吃苦耐劳、任劳任怨的品质；通过课堂开始部分进行集中注意力练习，帮助学生形成尊师重教、听从指挥的优良品德；通过小组进行练习，训练其养成互帮互助、团结友爱的品质及发现问题、解决问题的能力；通过健美操成套动作的创编，可以培养学生的团队精神、大局意识和集体主义精神。

三是学生综合能力培养多元化。课程思政的重要职能之一是"育人"的功能，让学生掌握所学的知识，掌握"如何传授"的能力，体现"授人以渔"的精髓。通过每次课堂常规口令训练和准备部分领操训练，学会如何去教，完成授课能力的培训。

二、教学手段和方法迭代创新

通过"四个立足"实现课程思政和健美操课程的融合。(1)立足于学生,把课程思政融入教学的每一个环节,融入培养目标的确立、课程设计的搭建、教学环节的设计,提出明确而具体的要求,并把相关的理论知识融入其中。(2)立足于教师,不断提升其道德品质、人格修为。教师作为传授知识的主体,其自身的言谈举止会直接影响学生。(3)立足于课堂,提高课堂教学的主阵地作用,充分利用好课堂有限的时间,对学生进行道德品质教育,采取一系列新式有效的教学方法,提升教学效果,提高学生课堂学习效率。(4)立足于课外社会实践活动,锻炼并提升学生人际交往能力。专业技能是检验理论知识掌握情况的途径,学生通过参加课外社会实践活动,可以巩固课堂所学知识,提高综合能力,为终身体育打下良好的基础。

三、教学评价体系更加科学

健美操必修课的评价方式体现教学全程考核,清晰反映出学生各环节的学习情况并做出全面客观的评价。通过严格考试,检验学生的综合能力。健美操课程的考核分五个部分:

课程思政占 10%。要求:教室卫生清洁度,上课不能看手机,遵守时间等。

出勤率占 10%。要求:按时出勤上课。如有特殊情况,学生本人在微信群中向授课教师请假,教师将本次课的教学内容的视频传给学生,自学后再发给教师,教师检验并纠错。

作业完成情况占 10%。课程结束后,教师在钉钉平台发布作业,要求在规定的时间内上交并批改;不合格的打回,请学生重新提交,直至合格为止。

队形创编占 10%。队形创编在规定动作掌握熟练的基础上,提高难度,5—6人一组,对规定动作进行造型创造、队形创编的再造过程,全过程对学生之间的互相配合,顾全大局,团结合作,互相鼓励,从而共同完成,是一个极好的磨练机会。

健美操规定动作考核占总成绩的 60%。对全国大众健美操第三套动作一级动作进行考核：姿态的规范程度、动作的熟练程度、音乐节奏感等。健美操规定动作考核占总成绩的 60%。对全国大众健美操第三套动作二级动作进行考核。

四、小结

课程思政和专业课的有机融合已经成为未来课堂教学的发展趋势，对树立"健康第一"的体育观念和培养学生爱国主义精神具有重要的指导意义。笔者阐述了课程思政的影响下，健美操必修课的发展趋势。课程思政融入健美操教学中，给健美操教学理念和教学方法带来变革。健美操课程融入课程思政，有助于提高体育专业技能课程教学质量，有助于学生"德育"的培养，有助于打造健美操精品课程，有助于完成向健美操"金课"的转变。

参考文献

[1] 刘汉玲. 课程思政视域下高校健美操的教学改革路径探讨[J]. 尚舞, 2020
（12）: 98-99.

[2] 陈惜娜, 廖佩文, 杨大本. 窥探高校健美操"课程思政"的构建与实施——
以广州大学为例[J]. 体育科技文献通报, 2020, 28（11）: 86-87.

[3] 蔡金兴. 课程思政背景下上海市普通高中生体育品德研究[D]. 上海: 上海体育学院, 2020.

[4] 陈红华. 课程思政视域下成人高校健美操课程混合式教学模式构建[J]. 现代职业教育, 2020（23）: 48-49.

[5] 张巧云, 韩智超. 课程思政理念下高职院校健美操课程教学改革探究[J]. 广东职业技术教育与研究, 2020（01）: 63-66.

[6] 丁杰. "课程思政"融入高校体育专业教学路径探析[J]. 现代交际, 2020(22): 159-161.

[7] 盛宁宁. "课程思政"融入艺术体操课对留学生教育影响的研究[J]. 辽宁体

育科技，2020，42（06）：116-118.

[8] 杨祥，王强，高建. 课程思政是方法不是"加法"——金课、一流课程及课程教材的认识和实践[J]. 中国高等教育，2020（08）：4-5.

[9] 赵兴奎. 大学生民族文化责任心状况调查[J]. 牡丹江师范学院学报（社会科学版），2021（01）：105-112.

[10] 徐国华，李树伟. 学校体育与终身体育刍议[J]. 牡丹江师范学院学报（社会科学版），2019（04）：58-60.

中学心理学课程思政育人实践探索*

◎ 李　洋　　牡丹江师范学院 教育科学学院

◎ 宫禹涵　　牡丹江师范学院 教育科学学院

[摘　要] 以学生的积极唤醒为中介，构建教师的教学影响对课程目标达成的教育教学途径，以课程综合成绩和问卷结果作为评价手段和依据，验证了中介模型育人途径的实践效果，即教师的教学影响只有以学生的积极唤醒为中介，才能实现课程思政育人的目标。

[关键词] 教师教育课程；思政育人；积极唤醒；中介模型；效果评价

一、中学心理学课程思政育人目标的设定

中学心理学课程是牡丹江师范学院为师范类本科生开设的一门教师教育类必修课程。根据 2020 年教育部下发的《高等学校课程思政建设指导纲要》，结合中学心理学的四大内容模块，确立了中学心理学课程的融合思政育人的三个课程目标。

目标一：使师范生掌握中学生的人格发展特点和个性差异，了解中学生常见

---

* **基金项目**：2020 年牡丹江师范学院课程思政教学改革专项立项"中学心理学"（KCSZ-2020051）；2020 年黑龙江省省属高等学校基本科研业务费科研项目（1355MSYYB014）；2021 年全国教育科学规划课题（BHA210137）。

作者简介：李洋（1980—），女，辽宁本溪人，讲师，教育学硕士，主要从事应用心理学、心理测量研究。
宫禹涵（1998—），女，黑龙江齐齐哈尔人，心理健康教育专业 2021 级硕士研究生，主要从事心理健康教育研究。

的心理问题及辅导方法，学会尊重学生人格，掌握因材施教的方法。主要培育师范生的教育情怀，体现社会主义核心价值观中对个人爱国和敬业修养的要求。

目标二：使师范生掌握中学生的认知发展特点、学习的基本理论和基本规律，学会激发中学生的学习动机，引导中学生掌握学习策略，促进学习迁移。主要培养师范生的授业底蕴，体现社会主义核心价值观中对国家文明和和谐的追求。

目标三：使师范生掌握中学生情绪情感发展规律和身心发展规律，掌握中学生品德形成的规律，能在教育实践中促进中学生良好品德的形成，实现综合育人。主要提高学生的解惑能力，对应社会主义核心价值观中对社会自由和平等的追求。

二、中学心理学课程思政育人途径

为实现课程育人目标，构建以下育人途径：在中学心理学的教学过程中，从精选教学内容和改革教学方法入手，以学生的深入思考和积极参与为中介，将教学影响作用于学生，从而促进课程目标的实现。

（一）精选教学内容，改革教学方法，对学生施加影响

精心建构教学内容，重视对教育热点现象的引申。中学心理学四个内容模块包含了心理学课程门类中的普通心理学、教育心理学、发展心理学、心理健康教育的全部核心内容。对课程内容进行充分梳理，按照学生知识经验的生成特点[1]，精选教学内容，依据内容间的逻辑联系，安排学习顺序，突破重点和难点，以此促进师范生形成完整系统的知识体系。同时，在授课过程中，注重从基本理论的学习引申出对教育热点现象的思考。比如，在学习迁移内容的授课过程中，引发师范生对中学生刷题和课后辅导班现象的深入思考。

以案例促情境性学习[2]，互动中启发式教学。充分利用各种资源，搜集实际生活中的教育教学案例，比如中学生上课不注意听讲，畏惧考试、学习焦虑严重，将其嵌入到教学过程中，或以先行组织者[3]的角色出现，或作为开放讨论问题出现，推动学生运用理论知识联系生活实际。为学生们留下必要的课堂互动时间，在生生、师生讨论中质疑、接受，碰撞思想的火花，锻炼辩证性思维，避免偏执

的自我中心。与此同时，深入了解师范生的真实想法，及时以正确的价值观对其进行有针对性的引领。

善用教学媒体，使知识网络直观化具体化，引起和维持学生的注意。对教学课件做到精益求精，条理化、简洁化、直观化地呈现课程内容，解放学生对大段长篇文字的注意，使学生的注意回归到教师的讲授和对课程问题的思考中来。同时，利用图表帮助他们精细加工[3]，借助视频资料使其理解难点。这种运用注意规律组织教学的方法，又是一个直观而生动的示范[2]，使师范生在榜样学习中成为用心组织教学的好老师。

（二）调动学生积极参与，引发学生深入思考

引发学生对课程的正性情绪，积极参与课堂互动和讨论。人本主义心理学家罗杰斯提出只有整个人的情感和认知都投入到学习活动中才是有意义的学习[1]。也就是说，课程目标的实现依赖于学生对课程的积极体验。所以，要设身处地地了解学生的学习感受，通过上述教学方法的改革，营造和谐的课堂气氛，唤起学生的积极情绪，使学生喜爱课堂，最大程度地发挥自主性，积极参与课堂互动和课堂讨论。

引发学生的反思，尤其是对教师责任和学习生活的深入持久的思考。通过课后作业引导学生反思如何将心理学知识学以致用。比如，布置作业如何根据中学生的个性差异因材施教，在学生提交后及时批阅，并在课堂上予以反馈引发学生的进一步思考。再比如，在进行中学生学习心理这部分内容学习时，布置作业请师范生思考如何将这些理论知识应用于自己的学习生活，如何结合自己的专业指导中学生掌握学习策略。这些作业都蕴含了对师范生的理想信念的锤炼。

三、中学心理学课程思政育人效果评价

为了检验以上育人途径的有效性，依据教育评价方案的设计原则和适用方法[4]，对中学心理学思政育人效果采用直接性和间接性两种评价方式进行。

（一）用课程综合成绩进行直接性评价，课程目标较好或基本实现

将中学心理学的课程目标落实在课程期末考试和平时作业的考核中，用课程的综合成绩为指标对课程目标的实现效果直接评价，以实施思政改革的两个教学班为例，2019级历史专业和思政专业师范生157人，三个课程目标的平均达成度为0.86，课程目标较好；2019级体育教育专业师范生96人，三个课程目标的平均达成度为0.68，课程目标基本实现。

（二）以学生为中心，编制学生自评问卷进行间接性评价

1. 研究对象

以实施中学心理学课程思政改革的2019级历史专业、思政专业和体育教育专业，以及部分2017级和2018级重修学生为研究对象。

2. 研究工具

自编《中学心理学课程效果调查问卷》。除基本信息和测谎问题外共25题，采用0—4五点计分法。问卷包含三个量表，量表一调查教师对学生的教学影响，量表二调查学生的积极唤醒体验，量表三调查学生自我评价的课程思政育人目标的实现程度。利用问卷星平台发布测试，课程临近结束时进行初测，有效人数332人。

3. 研究方法

用SPSS26做项目分析，所有题目的CR值均显著，每个量表的题总相关均大于0.4。用AMOS21做验证性因素分析，删掉影响结构效度的题目。量表一保留5个项目，包括：教学内容组织的建构性、授课过程中对教育热点现象的引申、启发式教学方法的运用、案例教学方法的运用、教学媒体的运用，克隆巴赫Alpha为0.931。量表二保留4个项目，包括：对课程的喜爱程度、在课程中的参与性、引发对教师责任的思考、克隆巴赫Alpha为0.814。量表三保留4个项目，包括：了解心理健康的知识（课标一）、掌握学习规律和学习方法（课标二）、理解中学生品德发展的规律（课标三）、心理品质的自我提升（综合），克隆巴赫Alpha为0.909。三个量表的结构效度指标如表1所示。

表1 初始测试332人三个量表的结构效度指标

量表	CMIN/DF	GFI	AGFI	IFI	TLI	SRMR	RMSEA	CR	AVE
一	2.61	0.984	0.951	0.994	0.988	0.0144	0.07	0.932	0.734
二	1.353	0.996	0.979	0.999	0.996	0.0172	0.033	0.832	0.554
三	1.385	0.996	0.979	0.999	0.997	0.0084	0.034	0.909	0.715

三个量表的 CMIN/DF 值均小于3，GFI 值、AGFI 值、IFI 值、TLI 值均大于 0.9，SRMR 值均小于0.05，RMSEA 值均小于0.08，CR 值均大于0.7，AVE 均大于0.5，说明删掉了无效项目的三个量表均具有较好的结构效度[5]，可以用来正式施测调查。

一个月后，用《中学心理学课程效果调查问卷》的三个正式量表（教学影响、学生唤醒、目标达成）对上述研究对象进行重新施测，有效人数285人。再测285人三个量表的结构效度指标亦满足 CMIN/DF<3，GFI>0.9，AGFI>0.9，IFI>0.9，TLI>0.9，SRMR<0.05，RMSEA<0.08，CR>0.7，AVE>0.5 的标准。

4. 研究结果

对285人的重测数据，做探索性因子分析，KMO 值为0.931，巴特利特球形检验 $p<0.001$，第一个因子的旋转载荷平方为33.758%，小于40%，说明三个量表不存在严重的共同方法偏差。

根据中学心理学思政育人途径，用 AMOS21 做路径分析，X（教学影响）以 M（学生唤醒）为中介，对 Y（目标达成）的作用如图1所示。

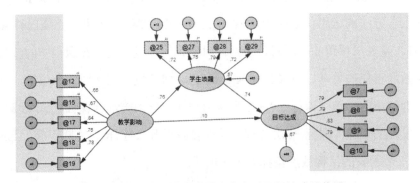

图1 教学影响以学生唤醒为中介对目标达成的作用

中介模型的拟合度为：CMIN/DF=1.991＜3，GFI=0.938＞0.9，AGFI=0.909＞0.9，PGFI=0.639＞0.5，IFI=0.969＞0.9，TLI=0.961＞0.9，SRMR=0.0454＜0.05，RMSEA=0.059＜0.08，均符合模型拟合度的要求。

路径回归系数如表 2 所示。X（教学影响）对 Y（目标达成）的直接效应不显著，M（学生唤醒）的中介效应显著，为完全中介效应。标准化的中介效应值为 0.758×0.739=0.560。

表 2　中介模型的路径回归系数

路径	Estimate	S. E	C. R.	P	Standardized Estimate
学生唤醒<--教学影响	0.95	0.109	8.757	0.000***	0.758
目标达成<--教学影响	0.163	0.144	1.137	0.256	0.102
目标达成<--学生唤醒	0.936	0.134	6.971	0.000***	0.739

注：***P＜0.001。

5. 研究结论

间接性评价结果表明，教师对学生的教学影响只有能够引起学生的积极唤醒，即使学生爱上课程、积极参与课程互动，引起他们的深入思考和思想共鸣，才能实现课程的思政育人目标。

四、中学心理学课程思政育人实践启示

（一）精心设计，巧用方法，榜样示范，施加影响

第一，教师必须具有建构主义思想，精选教学内容，重视对教育热点现象的引申。第二，充分利用启发式教学方法，贴近生活，创设问题情境，使学生从被动接受变为主动探究，布置开放性课题，利用互动，升华思想和感情。第三，利用心理学规律，善用教学媒体，抓住学生的兴趣和注意。第四，对课堂精益求精、具有高度责任心，成为学生的榜样。

（二）教学影响必须唤起学生的积极情感和主动性

第一，教师必须具有人本主义思想，营造和谐的课堂氛围，使学生喜爱课堂，深入思考，积极参与课堂互动。第二，引导学生把课堂所学与家国责任、个人生活紧密结合，使学生的主动性得以充分发挥。第三，教学影响只有引起学生的共鸣，才能实现课程的思政育人目标。

参考文献

[1] 陈琦，刘儒德. 当代教育心理学[M]. 北京：北京师范大学出版社，2019：112、153-154.

[2] 陈琦，刘儒德. 教育心理学[M]. 北京：高等教育出版社，2020：87、125.

[3] 曾玲娟，李红云. 心理学基础[M]. 北京：北京师范大学出版社，2015：139，218.

[4] 朱德全，徐小容，李鹏. 教育测量与评价[M]. 北京：高等教育出版社，2016：169-188.

[5] 张伟豪，徐茂洲，苏荣海. 与结构方程模型共舞曙光初现[M]. 厦门：厦门大学出版社，2020：94.

课程思政融入专业课旅游文化教学的

实践与探索*

◎ 韩　竹　　牡丹江师范学院 经济与管理学院

◎ 刘晓霞　　牡丹江师范学院 文学院

◎ 战丽娜　　牡丹江师范学院 经济与管理学院

[摘　要] 课程思政是一种新的教育理念，它强调高校必须发挥专业课与思政课协同育人的功能。本文以旅游文化课程为例，探讨课程思政融入专业课教学的路径，即确定思政教育目标、挖掘思政教育元素、选择思政教育方法、开展思政教育活动、组织思政教育评价五个环节，从而落实课程思政化教学目标。

[关键词] 课程思政；旅游文化；协同育人；教育评价

引言

百年大计，教育为本。党的十八大、十九大都重点强调了立德树人是高校的立身之本。全面推进高校课程思政，对于深刻理解和把握育人的科学性和合理性具有重要的作用。课程思政融入专业课教学，融合的方式方法以及时间节点是我们重点要考虑的问题，这不仅决定了教学的效果，而且也关乎人才培养体系的优

* 基金项目：牡丹江师范学院教学改革课程思政专项旅游文化课程研究成果（KCSZ-2020049）。

作者简介：韩竹（1983—），女，汉族，黑龙江人，讲师，硕士，从事旅游文化、旅游心理学、旅游规划方面的研究。刘晓霞（1969—），女，汉族，黑龙江人，副教授，学士，从事大学生思想政治教育方面的研究。战丽娜（1982—），女，汉族，黑龙江人，讲师，硕士，从事旅游文化、旅游服务接待业方面的研究。

化和创新。当今社会，自媒体时代给我们带来种种便利的同时，也有它的弊端，作为成长期的大学生极易受到这样或那样错误价值观的影响而误入歧途，道德失范、高智商犯罪频频发生，一次次给我们敲响了警钟。教育的目的是什么？是培养人，培养全面发展、身心健康的人，培养对社会有用的人，培养社会主义的可靠接班人。高校作为向社会输送高质量人才的重要阵地，不仅要锻造专业过硬的人才，更要注重人文素养的培养，因此专业课老师与思政老师协同教学育人的理念势在必行。专业课老师不仅仅要掌握专业知识，还要有坚定的理想信念和高尚的道德品格，要具备对学生进行素质教育的能力和技能，时刻了解党的思想政治动向，及时对学生进行各方面的思想政治教育、理想信念教育及价值引领和行为示范，培养具有正确人生观、价值观、世界观的当代大学生。

一、课程思政的必要性

2004 年中央印发了《关于进一步加强和改进大学生思想政治教育的意见》，指出教书育人的基本原则，经过理论和实践的探索，上海在全国开创了实施课程思政融入教学的先河，开启了高校思想政治教育课程改革的探索之路。2019 年 8 月，中共中央办公厅、国务院办公厅印发了《关于深化新时代学校思想政治理论课改革创新的若干意见》，明确提出要整体推进高校课程思政建设，发挥高校所有课程的育人功能。课程思政理念是在习近平新时代中国特色社会主义的教育思想理念中提出的，教育部此次印发《高等学校课程思政建设指导纲要》全面推进高校课程思政建设，明确了课程思政建设的总体目标和重点内容，对推进高校课程思政建设进行了整体设计，把课程思政从工作要求转化为政策实施表和行进路线图[1]。

所谓"协同育人"是指高校思想政治教师与专业课教师相互协作，各自发挥功能，共同实现立德树人的目标。高校思政课堂是对大学生进行思想政治教育的主渠道，但毕竟课时数量有限，学生的大部分时间还是在专业课的学习上。专业课程诚然是大学生必须要学好的专业知识，但同时，具有良好的道德情操、忠贞的政治品格也同样重要，因此，课程思政的推行势在必行，只有专业课与思政课同向同行，

2">

形成合力，才能更好地落实立德树人的根本任务，从而促进学生的全面发展。

二、课程思政融入专业课教学的路径选择

（一）提高认识，不断提升专业教师的政治素养和育人能力

课程思政的实施，关键在于教师。专业教师和思政教师各司其职，通力配合，形成育人共同体，发挥育人功能。首先，提升专业教师对教书育人的正确认识，使其意识到自己的本职工作除了教书之外，还有育人，而且育人比传授专业知识更为重要；其次，提升专业教师的政治素养和教书育人的能力。专业教师的综合思想素养是保证其育人效果的前提，学高为师，身正为范，身教重于言传，一位教导学生积极向上而自己却懈怠不思进取的老师是没有说服力的。专业课教师要通过不断学习或者阅读书籍提升自己的政治素养，通过各种途径，深入学习和理解马克思主义理论，正确解读党的政策方针，走在时代的前沿。

（二）通力配合，注重课程思政的参与性以及覆盖面

课程思政意味着高校育人功能不能仅仅依靠思政课堂来进行，而且要发挥所有课堂的主渠道作用，守好一段渠，种好责任田，真正发挥高校的育人功能并且把育人作为最根本的任务和目标[2]。学校的领导、专业课教师、思政课教师乃至学校的工勤人员等，都要起到率先垂范的作用，通过自己高尚的品格，良好的道德情操，正确的世界观、人生观、价值观以及对待生活、对待挫折的积极态度影响学生，感染学生，在潜移默化中树立榜样的力量。课程思政不是一门课、一位老师、一位领导单凭一己之力就能一蹴而就的，它必须是全员参加、全过程参加、全范围覆盖，这样才能形成合力，全面提高学校的育人能力。同时，还应该注意，"课程思政"不是口号，绝对不能流于形式，它不是做给谁看的，不是应付检查的，而是应该踏踏实实落实下去，并且一以贯之，建立长效机制，才能发挥作用，靠一蹴而就或是耍花腔都是有悖于"课程思政"初衷的，也达不到全面育人、全方位育人、全过程育人的真正目的。

（三）潜移默化，挖掘专业课知识点与课程思政的契合点

旅游文化课程思政是指在整个教学过程中，以社会主义核心价值观、基本社会道德规范为价值取向，涵盖世界观、人生观、价值观等多维度的价值标准，以正面的案例引导学生，以积极的理念鼓舞学生，从而将思想价值引领有机地融入教学过程[3]。"课程思政"不能生搬硬套，更不能强求，它不同于思政课堂，它强调在讲授专业知识的过程中进行思想引领和价值判断，不能忽略专业知识而进行专门的思想政治教育，它是专业课，而不是思政课，因此，作为教师，应该掌握正确的方式方法，不能走极端，要做到润物无声，让学生在潜移默化中提升自己的政治品格及综合素养。所以，在知识的传授过程中，不是每个章节、每个知识点都要牵强融入思政教育，而是选择具有内在联系、需要提升和升华的知识点，将思政教育适时地融入专业教学。另外，课程思政的教学效果不同于知识目标和技能目标，学生的品德修养、理想信念很难在一次课或者一门课后取得一定效果，而是要经过较长时间的沉淀和吸收后才能显现出来，是一种潜移默化的效果。

三、旅游文化课程思政路径设计

（一）确定思政教育目标

专业课程的思政教育目标要以培养德智体美劳全面发展的社会主义建设者和接班人为统领，在旅游文化原有的知识目标、技能目标的基础上，增加与旅游文化紧密关联的思想政治教育目标，实现在知识和技能传授过程中的思想引领。旅游文化课程作为旅游管理专业的必修课，从三个方面确定教学目标，分别是：知识与技能目标（掌握本门课程各个项目的内容并识记、理解）、过程与方法目标（通过案例教学、情景模拟、经典赏析等让学生吃透专业知识）、情感态度与价值观目标（思想政治教育目标，通过对旅游文化的学习，对大中华文明有进一步的理解，并且坚定文化自信，升华民族自信心和自豪感，形成强烈的爱国主义思想，促进其全面健康的身心发展）[4]。

（二）挖掘思政教育元素

结合旅游文化课程教学大纲及课程目标，针对教学大纲每部分课程内容的实际和特性，本门课程科学地选择和明确了具有鲜明时代特征的课程思政指标点，各章节育人目标分布，见表1。

表1　旅游文化课程思政育人目标分布

章节内容	课程思政要点	育人目标
旅游历史文化	文化自信	本部分教学内容融入红色旅游，让学生感受祖国的日益强大，珍惜今天来之不易的幸福生活，发愤图强，才能以实际行动报效那些为了新中国而前仆后继的英烈，激发学生的爱国情感，增强民族自尊心、自信心和自豪感。
旅游服饰文化	文化融合	通过中国服饰文化的变迁，感受中国历史的变化，从中体会时代变迁带来的文化融合，反思自己，认真学习，认真生活，正确看待自己，严格要求自己，培养严以修身的行为习惯。
旅游建筑文化	家国情怀	通过体会不同的建筑风格，让同学们体会历代最普通的劳动者的聪明智慧，学习他们的家国情怀和工匠精神。学习过程中养成以人为本的设计理念，引导学生养成认真负责的工作态度，增强学生的的责任担当，有大局意识和核心意识。
旅游饮食文化	勤俭节约	"民以食为天"，通过饮食文化，让学生们了解中国饮食文化的博大精深，通过点评学生作业，让学生体会来之不易的生活，让学生养成勤俭节约的好习惯。
旅游民俗文化	民族精神	通过民俗文化的学习，让学生坚定民族自豪感和自信心，激发爱国情怀，鼓励学生不断追求自我，将个人梦与伟大的中国梦结合起来，实现人生的梦想。
旅游玉石文化	生命意义	通过玉石文化的学习，体会大自然的鬼斧神工，培养学生敬畏自然、敬畏生命。
旅游陶瓷艺术	爱国主义	通过陶瓷艺术的学习，了解大中国的陶瓷历史及其在国际上的地位，培养学生的民族自豪感，激发爱国热情，培养家国情怀。
旅游文学艺术	奉献精神	通过文学艺术的学习，体会从古至今各个时代的文学艺术之美，提高其文学修养，提高其对生活的热爱和对国家的热爱，体会包容和奉献。
旅游书法艺术	工匠精神	通过书法艺术的学习，领略中国书法的独特魅力，培养学生不怕困难、勇于探索的精神，穿插整合工匠精神教育，培养学生严谨的工作作风和对美的欣赏。

（三）选择思政教育方法

课程思政要求我们必须要进行教学方法的改革，努力实现信息技术与教育教学的深度融合，提高教学技能，优化教学方式，加强引导探究，由单向传递转为双向交流，由单一课堂转变为情境教学。具体将采用的教学方法及手段有讲授法、情景教学、翻转课堂、案例讨论法等。另外，还需要充分利用线上和线下相结合的方式，这样在增加兴趣的同时可以更好地保证教学效果[5]。

（四）开展思政教育活动

旅游文化知识体系庞杂，内容涵盖大部分中国文化，因此，结合每个项目内容设计不同的活动内容，如：听我讲讲历史文化、体验陶瓷艺术、赏析文学作品、视频制作、PPT 汇报、案例分享等，通过不同的任务设计和评价指标，实现对于学生的教育引领和行为示范。

（五）组织思政教育评价

从课程性质、目标和过程上强化课程思政教学设计，在课程建设、课程教学、课程质量评价体系建立中，注重将"价值引领"功能作为首要因素。具体分为三个部分。

授课目标达成度方面，采用教师团队测评与思政工作团队测评相结合的双向测评方法。

学习效果完成度方面，采用学生单体测评、小组互助评价和集体意见评价相结合的多层级测评方法。

思政设计结合度方面，采用院系领导与教学督导结合评价的方法，从管理者和专家双向视角进行评价[6]。

需要说明的是，评价只需从以上三个维度进行即可，不能要求课程思政的效果是立竿见影的，这是不现实的，也是不可能的，一个人道德的规范、素质的提高不是通过一次评价就可以显现的，更不能在短时间内明显表征，所以，我们切不可因为评价方法、手段以及实效性的问题，影响专业老师和同学的积极性。

四、结语

综上所述，高校实行专业课教师与思政教师协同育人的理念势在必行，"课程思政"是高校教育中的重要内容，我们必须重视课程思政，从学校、教师、学生各个方面，深入探索，推陈出新，与时俱进，不断推进全面协同育人。

参考文献

[1] 习近平在全国高校思想政治工作会议上强调：把思想政治工作贯穿教育教学全过程，开创我国高等教育事业发展新局面[N]. 人民日报,2016-12-09(01).

[2] 聂迎娉，傅安洲. 课程思政：大学通识教育改革新视角[J]. 大学教育科学，2018,（05）：38-43.

[3] 虞丽娟. 用好课堂教学主渠道 从战略高度构建高校"课程思政"教育教学体系[J]. 上海教育，2017,（03）：6-7.

[4] 张翼，张禹. 课程思政对经济学专业课程的内涵要求与实现路径分析——以《计量经济学》为例[J]. 中国多媒体与网络教学学报（上旬刊），2019,（07）：67-68.

[5] 和学新，庞丽娟，岳辉. 课程设计：相关概念的辨析与厘定[J]. 天津师范大学学报（基础教育版），2019, 20（03）：1-5.

[6] 杨晶晶. 高校专业课教学的"课程思政"建设——以公共关系学课程为例[J]. 视听，2018,（03）：234-235.

微生物学课程思政教学改革*

◎ 姜　明　　牡丹江师范学院 生命科学与技术学院

◎ 宗宪春　　牡丹江师范学院 生命科学与技术学院

◎ 陈　欢　　牡丹江师范学院 生命科学与技术学院

◎ 马怀良　　牡丹江师范学院 生命科学与技术学院

[摘　要] 文章首先论述了微生物学课程思政教学改革策略，然后分析了微生物学课程思政教学改革成效，其中策略部分包括课程思政教学内容的选择与安排；课程思政教学方法和手段的改革；教师课程思政能力培养，促进角色转变。

[关键词] 课程思政；微生物学；教学方法

高校专业课进行课程思政改革是落实立德树人任务的必然趋势。理工科课程进行课程思政的教学案例和经验相对比较匮乏，故其现已成为各高校教学改革的重要任务[1][2][3]。微生物学是生命科学领域的基础学科，是生物科学、生物技术等专业本科生的必修课程。课程内容覆盖面广、跨度大，与生产实践和日常生活结合紧密，与食品安全、资源开发、环境保护和疫苗安全等社会热点问题息息相关[4]。

* 基金项目：本文系牡丹江师范学院课程思政教学改革专项"微生物学课程思政教学改革"（编号：KCSZ-2020012）；黑龙江省高校教育教学改革研究项目"专业认证背景下的生物科学专业人才培养模式创新研究与实践"（编号：SJGY20190687）和"地方高校生物科学专业拔尖创新型人才培养模式研究"（编号：SJGY20200731）。

作者简介：姜明（1982—），女，汉族，黑龙江绥芬河人，副教授。研究方向为微生物教学工作。宗宪春（1966—），女，教授，遗传学学科带头人。研究方向为遗传育种与生物技术，细胞工程。陈欢（1978—），牡丹江师范学院生命科学与技术学院副教授，主要从事微生物及原生动物学研究。马怀良（1976—），男，副教授，主讲微生物学和生物统计学。

而对微生物学教学进行课程思政改革，对提高学生学习积极性、增强学生的思想政治修养等方面起到了较好的作用。

一、微生物学课程思政教学改革策略

（一）课程思政教学内容的选择与安排

课程思政要以课程作为依托，以课程内容为主线，以授课教师为主导，在对学生进行专业知识教学的过程中有机融入思政因素，对学生进行思想政治教育，从而把专业课堂打造成思想政治教育的重要阵地。微生物学是实践性很强且与生活实践联系紧密的一门学科。在教学中，教师可以通过微生物学科学家的事例调动学生的学习积极性，同时还要重视学生实践能力的培养，以及严谨的科学态度和创新能力的培养，使学生具备主动探索的精神和独立思考的能力，能充分发挥创新精神，进而增强学生的社会竞争力。具体来说，微生物学课程思政内容的选择与安排可分为线上和线下两部分进行。

1. 线上资源建设

基于微生物学课程思政教学改革的要求，教师可以在蓝墨云班课平台的支持下，进行微生物学课程思政线上教学资源建设。具体实践中，教师应按照微生物学课程每一单元的教学需求，从时政热点、新闻时事入手，寻找与微生物学课程相关的爱国教育、民族自信、社会责任感及辩证思维等方向的内容，然后将与这些内容相关的课件、授课视频、试题库、电子教材等上传至蓝墨云班课平台，组建成微生物学课程教学线上资源库，为后续线上教学应用做好准备。当然，在搜集整理微生物学课程思政线上教学资源的过程中，教师既可以收集并上传我国科研工作者在微生物领域最新的科研成果，培养学生的科研意识和对微生物科研的兴趣，也可以从专业课学科发展史、微生物相关领域科学家及科研人员的个人经历及做出的贡献等方面入手，对学生进行价值观塑造。例如，顾方舟教授研制国产化疫苗，保护婴幼儿免受疾病感染的无私奉献事例，以及伍连德博士受命赴东北防治鼠疫的爱国主义精神和执着的科学探索精神、忘我的献身精神，这些都是与微生物课程思政教学相关的内容，基于此，教师可以将搜集整理的相关课件、视频等上传至蓝墨云班课平台，整理成线上教学资源，然后予以应用，从而达到良好的课程思政教学效果。

2. 线下课堂建设

在授课过程中，教师要根据不同章节知识的特点，"精心设计、精准施策"，精准提炼课程所蕴含的思政要素和德育功能，实现思政教育与专业教育的协同推进，以及知识传授、能力培养与价值引领的有机融合。在微生物学线下课程思政建设中，教师可以从我国科学家、科研工作者的实际事例着手，培养学生的爱国精神、敬业精神，激励学生形成勇于奋斗的精神。教师搜集、整理相关的任务、事例材料，形成思政建设案例库，并与相关知识点进行有机结合，能更好地调动学生的学习积极性，有利于培养有责任感、有进取心、专业知识扎实、实践能力强、身心健康的高素质应用型人才，充分发挥课堂教学在思想政治工作中的作用[5][6]。

例如，教师可以结合微生物学发展史，向学生介绍汤飞凡教授严谨的治学态度、勇于创新的探索精神及其爱国情怀和民族责任感。汤飞凡教授在国家迫切需要的时候，回国参与建设医学教育事业，其严格按照科赫法则的要求进行健康宿主感染试验，"以身试菌"，在全世界范围内首次发现引起沙眼的病原体——沙眼衣原体[7][8]。教师还可结合病毒特点的知识点，向学生介绍新冠疫情发生后，84岁的钟南山院士不顾个人安危，义无反顾地踏上防控疾病一线，奋力探寻新冠病毒感染的发病规律和流行病学特征的事例，这体现出钟南山院士的爱国热情和奉献精神；介绍李文亮医生不幸感染新冠病毒后，在重症监护室治疗期间仍然表示康复后还要上一线的事例，这体现出其崇高的敬业精神[9][10]；可结合微生物营养要素的知识点，介绍张树政教授在国内粮食紧缺的条件下，积极响应国家要求，使用糖化酶水解淀粉代替葡萄糖，并深入研究糖化酶的结构和功能，得到了比糖化酶产量更高的黑曲霉，为酿酒和酒精业做出巨大贡献的事迹，从而鼓励学生学习张树政教授为国奉献、攻坚克难，服务学科建设和社会发展的精神。要想在科学领域做出贡献，离不开专业知识，更离不开敢于探索、坚持不懈的科学精神。

因此，在微生物教学过程中，教师应将相关知识背景和科学家的事例相结合，从而提高学生的学习积极性，激发其学习热情。

（二）课程思政教学方法和手段的改革

教师要充分挖掘与课程相关的思政元素，并将其合理融入微生物学课程教学环节，加深学生对于相应知识点的理解。具体而言教师要加强师生互动，以学生为中心，采用案例式教学法、讨论式教学法、探究式教学法等多种教学方法，激发学生探索未知的能力，切实提高学生学习兴趣及参与度，让学生更好地掌握微生物学理论知识。

为了合理分配课堂教学时间，教师要充分利用线上手段、课外时间，给学生提供微生物学相关的思政案例，并组织学生开展线下讨论。同时，还要将科研与课程平台有机地结合起来，将微生物最新研究进展纳入课堂，并鼓励学生参与教师科研课题、自主申报大学生创新项目，从而调动学生学习的积极性，使其更牢固地掌握知识。

微生物学课程思政可以采用多种教学模式相结合的方式进行，如教师可录制相关微课、慕课，以及将最新的微生物相关新闻或案例上传至手机软件（包括云班课、学习通等），以供学生自学，这样在拓展学生知识的同时，还能培养学生的社会责任感。教师也可以在课堂上讲授最新的微生物热点问题，并与学生就研究热点进行讨论，或者邀请微生物专家、药厂和食品厂的专业技术人员给学生做报告，从而培养学生的科研热情，提高教学效果[11]。

另外，在实施课程思政的过程中，教师既不能将课程教学与思政教育割裂化，也不能"过度挖掘"，即教师要将思政内容与授课内容有机融合，适度设计融入节点，使学生情感与思想自然升温，水到渠成。

（三）教师课程思政能力培养，促进角色转变

课程思政的实施主体是专业教师，所以提高教师个体素养，使其实现专业知识、思想政治教育知识、心理学知识等多学科知识的多元整合，完成"专业课教师+思政课教师"双重角色转变非常有必要。微生物学教师应对微生物学课程教

学大纲进行分析，并积极参加各类课程思政专题培训，学习专业育人、课程思政、思政教育的原理和技能，提高自身的育人能力。同时，教师要积极自学，在名师的指导下加强政治理论学习，做立德树人的表率和践行者，并坚定理想信念，树立高远志向、奋斗精神及乐观向上的人生态度，进而教育引导学生树立远大的理念信念。除此之外，微生物学教师还应该树立"思政课程是第一课"的教学理念，并将其贯穿日常教学，成为学生的人生导师，使学生浸润于优秀文化的熏陶。

二、微生物学课程思政教学改革成效

课程思政教育是否有效和其对专业知识的学习是否造成影响，是衡量课程思政改革成功与否的关键指标。笔者将进行课程思政教学的班级与未进行课程思政教学的班级进行比对发现，进行课程思政教学班级的学生学习微生物学的积极性更高。另外，督导和同行听评课、学生评教结果显示，微生物学课程思政改革取得了较好的教学效果；通过对实施课程思政班级的学生进行调查问卷和学生座谈，可以发现大部分学生对课程思政教学持肯定态度，认为我国科学家勇攀高峰、努力进取、为国奉献的精神是其学习的榜样，对其起到了很好的引领作用，而任课教师也认为实施课程思政教学班级的学生学习兴趣更浓厚、课堂氛围更活跃，课程思政的开展取得了一定的成效。

三、结语

在微生物学教学中进行课程思政，提高了学生的学习兴趣，提升了教学效果，但还需要教师不断进行完善，挖掘出更多与课程内容相关的思政案例，同时要利用多种教学模式，提高学生的思想政治素质和专业知识水平。

参考文献

[1] 张美玲，贾彩凤，杜震宇. 见微知著溶盐于汤——浅谈高校微生物学课程思政的探索与实践[J]. 生物学杂志，2019，36（04）：102-104.

[2] 李莹, 李萌, 李智博. "微生物学"课程教学中融入"课程思政"的探索[J]. 农产品加工, 2019（22）：118-120.

[3] 张杰, 刘长莉, 王文婧, 等. "微生物学实验"课程引入思政教育的探索[J]. 微生物学通报, 2020, 47（04）：1186-1190.

[4] 黄金林, 潘志明, 焦新安. "发酵工程"课程教学的思考与探索[J]. 生物学杂志, 2005（05）：48-49.

[5] 李超. 浅析思政教育传统优势与专业课育人深度融合路径[J]. 教育教学论坛, 2019（22）：44-45.

[6] 音建华, 余志良, 裘娟萍. 在"微生物学"课堂教学中立德树人[J]. 微生物学通报, 2018, 45（03）：661-664.

[7] 汪小又, 郭婷, 程丹. "微生物学与免疫学"课程思政的探索与实践[J]. 微生物学通报, 2020, 47（04）：1196-1201.

[8] 张庆华, 宋增福, 张旭杰, 等. 水生动物病原微生物学思政案例——汤飞凡和沙眼衣原体[J]. 教育教学论坛, 2018（30）：70-72.

[9] 叶峥嵘, 杨晓航. 基于新型冠状病毒的《医学微生物学》课程思政探索[J]. 陕西中医药大学学报, 2020, 43（05）：98-100.

[10] 柳叶, 胡佳杰, 张胜威. 自然科学课程思政的教学探索——以微生物学为例[J]. 微生物学通报, 2020, 47（04）：1168-1177.

[11] 罗婷婷, 曲均革. 微生物学的"课程思政"教学改革设计[J]. 才智, 2018（17）：143.

中国古代文学课程思政建设策略*

◎ 刘丽华　　牡丹江师范学院 文学院

[摘　要] 以古代经典作品为中心开展课程思政建设，既呼应时代的需要，又发挥了经典作品自身的优势。就具体策略而言，在教学内容上，强化经典作品的地位，深挖经典作品的思政因素；在教学手段上，多措并举，提升以经典作品育人的效果和质量。

[关键词] 经典作品；课程思政；中国古代文学

中国古代文学教学中，教师可以经典作品的讲授为出发点，优化课程思政内容供给，教学内容上深入挖掘经典作品的思政元素，教学过程中以学生为中心、精心设计，教学方法上灵活多样、多平台联动，将专业课的学习和思政引领相结合，守好自己的一段渠、种好属于自己的责任田，切实发挥课程思政的隐性教育功能，以促进大学生全面地成长与发展。

一、教学内容上，明确经典作品的地位，深挖经典作品的思政因素

在教学内容的选择上，应重新审视古代文学的专业学习与思想培养、人才培育、国家战略之间的融合关系，改变以往面面俱到、事无巨细的讲授方式，提升古代文学专业知识的多维性、综合性、思想性。经典作品往往文质兼美，具有深

* 基金项目：黑龙江省哲学社会科学规划项目（20ZWE241），牡丹江师范学院教育教学改革课程思政专项（KCSZ-2020026 KCSZ-2020013）。

作者简介：刘丽华（1981—），女，河北唐山人，副教授，文学博士，主要从事中国古代文学的教学和研究。

刻的思想或文化内涵和多角度探析的价值。通过重点突出经典作品的主体地位，深入挖掘古代经典作品中的传统文化和道德引领等思政因素，以坚定学生文化自信，强化育人导向。

如《周易》中有言："天行健，君子以自强不息"，"地势坤，君子以厚德载物"[1]。天道运行不息，应化无穷；大地承载万物，顺应天时，天地有大美而不言，在对天地的感悟中，先民感悟到人应当效法天地，具有不断超越，永不自满的开拓精神、奋斗意识、创新品格和宽厚包容、正直宏大的胸怀。在对相关内容进行讲授时，可以结合习近平总书记对中华民族伟大精神的概括等相关内容，让同学们更好地体会我们民族伟大的创造精神、奋斗精神、团结精神和梦想精神。

神话作为先秦文学的重要组成部分，在实际讲授中往往因为课时的原因而被忽略，事实上，盘古开天、女娲补天、伏羲画卦、神农尝草、夸父追日、精卫填海、愚公移山这些经典神话，生动展现了先民们始终心怀梦想、不懈追求的意志，舍己为人、天下为公的情怀以及勇于追求和实现梦想的执着精神。

《齐桓晋文之事》是出自《孟子》的重要选篇。该文以思想性和艺术性的双重魅力入选高中语文教材，同时也是大学中各类古代文学作品选教材里的必选篇目。通过解读该篇作品，能让学生感悟先贤的思想、情怀和社会理想，学习其中的论辩艺术、沟通技巧，对理解社会性质、政治认同、培养个人品质，把握社会主义核心价值观等都能有所助益，可以说是利用古代经典作品进行思政教育的绝佳素材。

二、教学手段上，多措并举，提升以经典作品育人的效果和质量

（一）团队协作，完善古代经典作品相关课程建设

增强团队合作，发挥团队成员不同研究方向的专长，统一思路，共同发掘不同时期古代经典作品的思政内涵、思政价值，并把相关元素以灵活多样的方式融入课程建设、课堂教学中，最终形成课程思政资源的扩充与整合。利用校级一流本科课程"中国古代文学"和"中华文学经典导读"，以及专业必修课"秘书职业

技能实训"和专业选修课"节日岁时诗词鉴赏",开展持续性的思政育人;充分利用线上资源,选择智慧树课程"《诗经》爱情诗十二讲"和"品读经典":诗老庄选粹进行通识教育的同时,进一步挖掘以《诗经》《老子》《庄子》等为代表的经典作品的思政价值和文学魅力,形成课程思政的全方位、持续性引导,并为培养具有专业优势、学识扎实、能力突出的复合型人才打下良好的基础。

(二)多管齐下,强化学生对经典作品思政因素的理解与接受

第一,找好突破点,激发学生学习兴趣,为思政引领提供可能。教师可以通过对所讲授作品文本内容的挖掘和延展激发学生阅读的兴趣,也可以结合学生关注的因素展开教学,如在讲授《诗经》中的爱情诗时,可以结合学生所关注的一些社会现象进行导入,进而引发学生进一步学习的兴趣;讲授韩愈时,可以苏轼"文起八代之衰,而道济天下之溺;忠犯人主之怒,而勇夺三军之帅"[2]的评价为切入点,结合韩愈人生中几次重大的转折性事件来激发学生对韩愈为人为文的主动了解;第二,强化学生的基本功,使其初步形成对经典作品的直观感知,为思政引领提供基础。可以提前布置学习任务,课上和课下相结合,课前和课后相结合,个人学习和小组合作相结合,把学生自己能完成的内容交给学生自己,同时教师做好督促检查工作。第三,利用好课堂教学这一"主渠道",将思政元素巧妙地融入课堂教学中,开展思政引导。一方面教师精讲细讲,另一方面强化讨论环节的设置,让学生在参与中获得成就感,进一步激发自主学习、独立思考的兴趣,最终实现学生对专业知识的掌握和对经典作品思政因素的认识与理解。第四,由此及彼,由点及面,知行合一,进一步强化思政引导。引导学生以经典作品为基点进行文献扩充与发散性思考,由内化的知识进一步转化为外化的行为。

如西汉晁错的《论贵粟疏》是政论文的名篇,同时也作为文章代表入选《古文观止》。在讲解该经典作品时,第一,可以晁错的奇特人生作为切入点,激发学生的学习兴趣:拥有"智囊"才华,腰斩结局的晁错其人生何以如此?教师可以提供一些相关的通俗性文章、书籍帮助学生知人论世,既能了解晁错和他生活的时代,同时也能激发学生阅读其作品的兴趣。第二,教师可以提前布置

听音频、读文本、抄写选段、疏通文意的任务，强化学生的基本功。第三，在具体讲授中，可以把文本中所体现出来的粮食问题、农民问题结合社会现实做进一步的阐述，提供相关材料引导学生进行有关晁错创作该文的背景、效果及当今社会相关问题的讨论，在潜移默化中引导学生关注粮食安全，关注"三农"问题，从自己做起，节约每一粒粮食。第四，课后可以布置思考题，阅读《史记·袁盎晁错列传》和《汉书》本传中相关内容，强化对晁错其人的了解；阅读晁错的其他文章如《守边劝农疏》《言兵事疏》，强化对其政治观点和文学成就的理解；阅读贾谊的《论积贮疏》，在与同时代文人相似主张的比较中，深化对文章中心、文章特色的理解。

（三）持续改进，提升学生对经典作品学习的体验与效果

学无止境，同样教学能力的提升也没有止境。首先，教师要强化自我学习，不断提升专业水平、教学能力，紧跟时代的脚步和潮流，勇于接受新事物，运用新手段，在经典作品的讲授内容上常备常新，讲授方法、教学手段上不断更新、灵活多样，注重实效，以更好地传达经典作品的思政内涵；其次，始终坚持以学生为中心的教学理念，通过课下聊天、调查问卷、网上互动等方式真正了解学生之所需、学生的兴趣点和学生的思想动向；改变"满堂灌"的传统教学模式，让课程思政的课堂在内容丰富的基础上更加生动有趣；创建平等开放、互动有效、教学相长的师生关系，营造高效、活泼的教学氛围，使课程思政更加贴近学生的生活、心理和情感，真正能够对学生有所触动，真正能调动起学生的主观能动性，真正能够满足学生成长发展的需要；最后，以产出为导向、开展多元评价机制，反向推动学生的学习效果，促进学生的全面发展。一节好的思政课应该既能培养学生的品行素养，也能提升学生的素质能力，以便学生将来更好地适应社会和工作岗位的需要。因此，在评价方式上，应改变传统古代文学课程考试记诵内容占比过大，期末考试"一卷定分"的局面，应该在试卷考核的基础上，加大过程性考核、参与性考核的比重，让学生在每一节课中都能有积极参与的动力，在日积月累中，蓄积专业知识，感悟先人智慧，体悟传统文化的魅力，陶冶情操，提升

审美素养，锻炼自己勤于动手、善于思考、不断创新、团队协作的本领，真正成为社会主义事业合格的建设者和可靠的接班人。

参考文献

[1] 王弼. 周易注[M]. 北京：中华书局，2011：3、17.

[2] 苏轼. 苏轼文集[M]. 孔凡礼，点校. 北京：中华书局，1986：509.

[3] 潘晓玲. 课程思政背景下的中国古代文学教学[J]. 教书育人（高教论坛），2021（12）：108-109.

艺术类课程中思政教学改革与实践探索

——以人机工程学课程为例*

◎ 刘　硕　　牡丹江师范学院 美术与设计学院

[摘　要] 随着高校思政教育的实施，当今高校中艺术类学生教学活动除对专业知识的讲授外，也开始对学生思想建设情况越发重视。在艺术设计类专业的教学活动中本门课程就针对艺术类学生特点开展教学实践探索，教学中尤其注重理论讲解与实践创作相结合，教学相长，知行合一，在课程融入思政元素，循序渐进，由表及里，从学生个人情感、职业责任感、专业认同感三个层次，让学生感受并领会设计中蕴含的传统文化、时代特色、人文精神和家国情怀，从而真正实现思政教育在艺术类课堂中"内受于心、外化于形"的育人作用。

[关键词] 思政教育；思政教育；教学改革；艺术设计

一、课程介绍

人机工程学课程中包含的知识是所有艺术设计类学生在学习设计过程中必须要掌握的基础知识，是一切设计创作的基础。

---

* 基金项目：本研究为 2020 年牡丹江师范学院思政示范课程项目"人机工程学"成果之一（项目编号：KCSZ-2020008）；本研究为 2020 年牡丹江师范学院教改项目"在线教学资源建设在艺术类教学中的实践应用研究"成果之一（项目编号：20-XJ21022）；本研究为 2020 年黑龙江省思政示范课程"公共景观设计"前期基础课程。

作者简介：刘硕（1982—），女，黑龙江哈尔滨人，牡丹江师范学院美术与设计学院，副教授，硕士，研究方向为设计艺术学。

人机工程学是研究以人为中心的设计研究方法，使学生掌握人机工程学中"人-家具-室内外环境"的关系。通过人机工程学的学习，掌握人与室内空间环境各种作用关系，并能根据人的体能结构、心理形态和活动需要等综合因素，充分运用科学方法，做出合理的室内、室外空间、产品设计和家具设计，最终达到人在室内外活动高效、安全和舒适的目的。本门课程在于培养学生设计表达能力，通过对人体工程学理论知识的了解进而进行课程创作，理论与实践操作相结合，为以后室内外设计及产品设计奠定基础。

二、思政教学与专业知识合理结合

通过近年来教学实践后发现，很多学生设计过程中存在设计尺度不合理的情况，产品或作品无法满足使用者需求，设计成果也不能得到很好应用，因此取得的教学效果并不理想，而这都是由于在课程教学中把人机工程学内容只是简单地融入教学中，都是零散的教学活动，没有形成完整教学系统，学生获得知识都比较零散，无法较好地融入设计创作中，因此在本门课程的教学改革过程中更加侧重实践活动，让学生把学到的理论知识合理地应用到创作作品中，同时也在课程讲授时潜移默化地融入思政教学内容。

在现代课堂教学中学生对课程思政的兴趣来自与价值观引导相关的、与时事政治相关的、与丰富自己知识储备相关的、与性格养成相关的内容等各个方面。因此在本门课程人机工程学课程教学过程中要坚持以"以学生为中心"、根据教学单元内容与目标切实融入思政指标点，在传授专业知识的基础上，坚定文化自信，立足历史文化传统，结合美学、哲学和社会学等其他学科，丰富教学模式和教学内容，从宏观、微观的视觉角度进行教学活动，实施"知识、理论、实践"一体化教学。

在教学中针对艺术类学生专业，考虑艺术生的特殊性，把艺术专业特色与学生特点相结合进行思政课程设计，通过思政教学改革，一方面把人机工程学课程系统地设计为一门完整课程，让学生进一步认识到课程的重要性；另一方面要把思政教学融入教学中，潜移默化地影响学生思想，帮助学生树立正确的人生观、价值观。教学中的思政内容分为组织引导、情感生成、思政预期三个阶段，可以起到更好推动教学的作用，真正实现思政教育的预期效果。

在人机工程学课程教学中积极引导学生讨论探究，不断发掘学生潜力，从课堂教学中去发掘人生观、价值观，寻求创作规律，学习艺术创作精神；同时在教学中以针对性问题为线索，提出社会当前热点问题和难点，理论联系实际，结合人机工程学中人的尺寸、人的感知、人的心理等方面开展主题讨论，让学生真正地把人机工程学的知识内容融入实践创作中，教师对学生所呈现的价值观和思维进行正确引导，达到课程教学的目标。

教学中结合教学大纲与课程指标点设计思政目标，从教学本质上对学生人生观、价值观的树立提供必要的保证，让学生真正做到内化于心，表现于外。如表1人机工程学课程思政设计。

表1　人机工程学课程思政设计

教学内容	课程思政指标点	对应单元目标	预期成效
人机工程学发展历史中国自主的设计	学生树立"中国梦"理想信念，融入爱国主义教育	明确人机工程学对人类的生活的重要性	让学生了解中国灿烂的文化，培养民族自豪感
人机工程学在设计中的应用	学生建立"专业梦"人生规划理念	如何设计出符合人们需要的设计作品内容	大国工匠的"匠人精神"
人机工程学研究基础	实现"个人梦"全面自由发展	设计出满足有文化历史的设计作品	立足历史文化传统，继承历史文脉进行设计
公共空间环境下的人机工程学	学生培养"协作梦"的团队精神	大型公共空间设计内容较多，需要团队合作完成	培养团结协作、严谨敬业的工作作风和职业素质
室内、室外环境艺术设计下的人机工程学	社会发展的客观规律；社会发展的环境规律	不同室内环境所需要的尺度是不相同的；社会发展人的行为心理随之发展，适应社会环境	学生尊重环境、尊重自然、尊重人的设计理念；设计中倡导绿色与可持续发展、人与自然和谐共处的发展理念
人机工程学与其他学科的关系	"三观"	设计要满足人的需要才能真正称为设计	学生形成正确世界观、人生观和价值观
人机工程学与人性化设计	社会道德与人际关系，尊重人的能力	无障碍设施设计，特殊人群的需要尺寸	学生的社会责任感、职业责任感

续表

教学内容	课程思政指标点	对应单元目标	预期成效
人机工程学与人体测量学	美学思想	不同人群对设计要求是不同,常用人体尺寸测量	培养学生健康审美观
人机工程学在现代设计中的应用展望	发展观点	未来设计发展趋势	开拓学生创新思维,发掘学生想象力,开拓学生视野

三、课程实践

(一)加强学生思想素质与专业素养教育

当前,大学阶段学习的艺术类学生为 90 后、00 后,由于艺术类学生学习自觉性不强,很多时候更加关注于自己的创作设计作品,而忽略了对文化课和专业知识基础理论的学习,因此学生看待问题容易理想化、情绪化,也容易受到外界各种意识形态和价值取向的干扰困惑。因此要破解学生思想基础相对薄弱的问题,既要立足当前,更要着眼长远,用人机工程学课程中所蕴藏的历史文化传统和美学、哲学、社会学等诸多学科优秀成果,帮助学生坚定理想信念,端正价值取向,在学习和成长的道路上,看得更远、站得更正、走得更稳、扎得更深。

在课程教学过程中融入思政元素,遵循学生人生观、价值观、艺术观塑造养成规律,将思政目标立于教学全过程,欲求学者,先学立身做人。人机工程学课程理论与实践相结合,明确艺术类专业的特殊性,立足艺术类的学生学情,结合专业特色展开教学活动,既在课堂显性教学中设置思政教育目标,突出设计的社会价值属性,又在实践训练中融入隐性目标,体现思政教育体验、渗透、融入、感化的过程,融入学生自身情感展开设计,使思政育人从课堂讲解到实践感知,全方位、立体化拓展的延伸,使学生内受于心,从而提升学生责任感、使命感、荣誉感;外化于形,提升专业素养、人文素养,树立远大的理想信念,同时也把人机工程学的理论知识以实践的形式很好地融入创作中,真正实现学生的知行合一,引导学生思想素质和专业素质同修并重。

（二）转变学生课程角色

针对艺术类学生思维活跃、个性鲜明，具有较强自我表现意识，喜欢与众不同，善于接纳外界新鲜事物，同时依据艺术专业教学大纲要求，根据艺术类学生的特点在教学过程中注重学生主动性发挥，引导学生加强自主学习，消除学生对教师、教材、教学的依赖，注重教师和学生平等交流，以活动为载体，放手让学生去分析、去推理、去创造，增加教学互动性，将抽象的人机工程学的理论讲解转化为具体的实践操作，采用现场实践调研、测量，产品模型制作等手法，将零散的各单元模块聚合成完备的教学体系，在实践练习中帮助学生拓展高阶思维能力，以用促学。再以成果为导向去指导学生明白自己能做什么、该做什么、该怎么做，让学生将学到的知识转化为解决问题的能力。

（三）打破学生课堂教学的局限性

建立教学平台辅助教学，传统的教学模式，手段单一、内容乏味、课堂气氛枯燥、学用脱节，难以激发学生的创作共鸣，教学和实践难以同频共振。人机工程学课堂教学中积极探索智慧型教学新模式。艺术类学生基础相对薄弱，理解能力、分析能力和独立思考能力都有待提升，但艺术类学生个性鲜明，喜欢与众不同，表现出个性化倾向，学生思维活跃，具有较强自我表现意识，因此在教学过程中可以利用艺术类学生的这些特点，利用现代优秀的网络资源，通过现代信息技术提供的数据进而给学生提出不同的个性化学习建议或计划，更利于学生发展，真正做到因材施教。

关注教学方式改良，关注学生高阶思维，培养学生创新能力、问题求解能力、决策力、批判性思维能力和深度思维能力；强调学生学到了什么，强调研究型、讨论型教学模式，强调教学知识的整合，强调合作学习。统筹"课前+课中+课后"三个教学阶段，课前强调前导知识自学，锻炼学生获取信息、分析归纳和研究思考能力；课中深入研讨，通过指导互动把理论知识进一步讲解传授，采用案例式、情景式、研讨式、项目研发式等方法解决学习中的重点、难点问题，并在实践中创造更多思考、启示、检验提高的机会。课后关注拓展活动，给学生安排具有一定综合性、挑战性、创新性的设计任务。

在教学过程中，运用结组分工的模式、讨论式教学的方法，以实践设计案例为契机，指导学生遇到问题可以多方位思考，增强学习的灵活性，增强学生的团队协作精神，培养学生与人共事的处事方法。充分利用教学资源，开展"引、导、研、析、教学做、评"一系列的教学活动展开教学。"引"——课前发布资源，吸引学生学习兴趣，为课堂引入教学知识点做铺垫，如播放课程相关视频、提出思考题、设计畅想等内容；"导"——导入教学内容，明确课程思想，导出思政教学指标点；"研"——实践调研，通过市场实践调研考察人在空间中的尺寸需求，明确课程学习指标；"析"——分析调研内容，结合课程实际，分析总结；"教学做"——教师教学讲解、课程总结，学生通过调研分析结果进行设计创作，达到理论与实践相结合，提升个人创作水平，达到思政指标点，把学生情感素质升华、精神文化提升、责任感提升；"评"——评价学生的设计创作，把学习的理论真正融入实践中。

（四）教学结果合理植入教学评价体系

艺术类专业有着专业的特殊性，不能仅从作品去考量学生的最后成绩，而是要将课程教学评价、学习效果评价从单一的专业维度，向人文素质、职业胜任力、社会责任感等多维度延伸，细化对学生学习效果的测量，除了考评学生对专业知识的掌握外，还要评价学生的自主学习能力、协作能力、创新创业能力等。

教学评价不再局限于比较性评价，更多注重学生自我纵向比较，而不是学生之间的横向比较，为每名学生建立自我成长参照坐标系，通过个人能力提高实施动态化管控，从知识、能力、素质、思政四个目标维度，拓展发掘学习深度和广度，增加考核评判的科学性，让学生清晰准确地规划出个人学习成长路径。

人机工程学课程教学结果聚焦的是学生最终完成设计成果，而不是局限于学习时间、作业数量，某一次不合格、走弯路的学习或者设计只作为改进教学的依据，不带入最终评价，给学生提供更多纠偏、容错、补差空间，通过采取"合作式""协同式""团队式"措施，提高学生解决问题的能力，逐步引导学生顺利完成学习，成长为称职的设计师。

四、结语

综上所述，人机工程学课程是设计类课程的基础，因此本门课程在教学过程注重理论与实践的结合，注重学生对课程内容的掌握，注重学生对专业知识的合理应用，课程不局限于学生书本上的知识，更加关注于学生在整个教学过程中的成果过程，同时融入课程思政内容，让学生的思想素质也同时提升，让学生的专业能力和思想素质同修并重。

参考文献

[1] 谭爽. 新形势下高等艺术院校学生特点刍议[J]. 高教学刊, 2017 (03): 50-51.

[2] 彭东亚. 高校艺术类学生个性特点与教育管理对策探析[J]. 教育现代化, 2019, 6 (41): 193-194.

[3] 文鹏. 高校美术专业课程教学融入"课程思政"的方向与策略研究——以艺术实践与考察课程教学为例[J]. 艺术教育, 2020 (08): 111-114.

课程思政在线上线下混合式教学中的探索实践

——以影视后期特效课程为例*

◎ 宋孝彬　　牡丹江师范学院 美术与设计学院

[摘　要] 本文将思政内容完美地融入专业知识中，开展线上线下混合式教学模式。以培养思想意识为灵魂，以培养实践能力、创新精神为根本，将思政教育与专业知识有机结合。课程采用线上线下混合式教学模式，实施翻转课堂教学。以主题的形式将思政教育融入教学，思政内容既是创作主题，创作作品服务于社会宣传。

[关键词] 课程思政；影视后期特效；线上线下

"师者，所以传道受业解惑也。""传道"，就是要求教师在传授知识的同时培养学生做人的道理，良好人格品质，"传道"即是古人的课程思政。高校作为现代教育的主阵地，培养什么人、怎样培养人、为谁培养人是一切工作的根本任务，教师在教学中必须将传道（思政教育）、授业（传授知识）和专业实践（能力培养）三者融为一体，在教学中融入社会主义核心价值观，构建全员、全过程、全方位育人格局的形式，将专业课程与思想政治理论课同向同行，形成协同效应，为祖国培养"德、智、体、美全面发展的社会主义合格建设者和接班人"。

影视后期特效课程将课程思政教育体现在教学大纲、课程目标、教学设计、

* **基金项目：**牡丹江师范学院教育教学改革·课程思政专项项目（项目编号：KCSZ-2020003）。
作者简介：宋孝彬（1970—），男，学士，牡丹江师范学院副教授，研究方向为动画。

教学实施等各个环节，创造性地与专业知识完美融合。线上以影视后期特效小规模在线课程（Small Private Online Course，SPOC）课程为教学平台，制作情景式教学视频，教师既是讲授者又是表演者，将思政教育以表演的方式展示给学生，线下指导学生专业实践，以社会主义核心价值观为主题，进行公益广告作品创作，亲身感受作品的思政内涵，在接受教育的同时，以创作的作品为媒介，借助网络课程平台进行思政教育宣传，使学生既是受教育者，又是思政教育的宣传者。

一、课程思政教学理念

课程以培养思想意识为灵魂，以培养实践能力、创新精神为根本，将思政教育与专业知识有机结合，在教学、创作中融入了思政元素，以社会主义核心价值观为切入点，在传授专业知识的同时，培养学生理性思辨、明辨是非的能力，内化其爱党爱国的情怀[1]，加深了对中华民族历史和文化的了解，增强文化自信[2]，树立正确的人生观、价值观。

二、课程思政目标设计

影视后期特效课程以创作影视公益广告作品为教学目标，把社会主义核心价值观德育元素作为思政指标点，使课程思政目标和课程能力目标完美的融合，实现教书育人的总目标。

课程目标 1. 学生基本掌握后期特效软件的使用、掌握软件各功能的特点和影视后期特效制作的基础知识，并把学到的知识应用到专业实践；思政目标：能够用学到的专业知识服务与社会，为实现伟大的中国梦做贡献。

课程目标 2. 具有影视后期特效创作的能力，能够创作出具有一定质量的动画影视作品；思政目标：能够创作出反映爱国主义、爱岗敬业、文明有礼、反腐倡廉、保护环境等具有正能量的影视作品。

课程目标 3. 具有创新思维和现代的创作理念，具有坚强的自信心和良好的心理素质；思政目标：以习近平新时代中国特色社会主义思想为指导，坚持知识传授与价值引领相结合，运用可以培养大学生理想信念价值取向、政治信仰、社会责任的题材与内容，全面提高大学生缘事析理、明辨是非的能力，让学生成为德才兼备、全面发展的人才[3]。

三、课程思政教学内容设计

课程团队多年来一直开展廉政文化引入课堂活动，学生线上学习理论知识和专业技巧，感受课程思政的主题内涵，收集创作素材，提炼廉政文化的精髓。线下创作实践，以廉政文化作品弘扬民族文化思想精粹，宣扬崇廉、尚廉、知廉、守廉的社会风气，使大家接受廉洁教育，增强自律意识，营造出风清气正的社会发展环境。

在总结经验的基础上，课程团队把思政教育主题内容进行拓展，在线上课程视频设计上以社会主义核心价值观为导向，融入文明有礼、保护环境、爱国敬业、遵纪守法、社会公德、反腐倡廉等课程思政主题，通过教师的讲解、表演、朗读，将思政内容和专业知识完美融合，形成一个整体，专业是技能，内容是思政，寓教于"情"、寓教于"政"，通过情感、态度、价值观导向，使学生产生情感共鸣，实现运用所学专业知识创作思政主题影视作品，达到立德树人教育的根本目标。

影视后期特效课程在教学内容安排上，以周的形式进行，每周一个主题。

主题一：影视后期特效基础知识讲解。

在讲授软件基础知识的同时，将中国传统文化与课程进行融合，去适应、引导学生价值观、文化观的正确建立，坚定文化自信，建立民族自豪感。在实例制作上，选择有代表性的后期效果来表现思政主题内容。比如：在制作"汽车运动"效果时，融入"不要酒后驾车"，让人们遵守社会公德。在制作"大海灯塔"效果时，融入"时代精神就是一座明亮的灯塔，为我们指引出一条光明正确的人生之路"，让学生懂得时代精神是构建社会主义和谐社会的重要条件。

主题二：影片的校色与合成。

在影片的色彩调整、粒子特效、键控等效果的教学中，训练学生有序思维，养成积极向上的思维习惯，形成以内容入手完成形式的创作过程[4]，养成诚实守信的良好习惯。实例制作"飞舞的蝴蝶"效果中，引用习近平总书记提出的"绿水青山就是金山银山"。我们要尊重自然、顺应自然、保护自然，保护生态平衡[5]。实例制作"雪花飘飘"效果中，融入毛主席诗词《卜算子·咏梅》，学习梅花高洁、谦虚和不惧风雪的傲骨精神。

主题三：文字动画技巧。

在学习效果菜单、文字动画的同时训练学生以核心价值观为主题，进行创作构思，启发学生对相关主题进行思考，从而影响学生的思想，规范学生的行为。以爱国主义、反腐倡廉、抗疫精神等主题创作文字动画，在创作过程中深挖主题内涵，以娴熟的技巧表现出具有时代特色的公益广告作品。

主题四：公益广告作品创作。

以教学大纲推荐的参考书目《永远在路上：严于律己做人，清正廉洁做事》和《中国梦·我的梦》作为创作素材，创作的作品主题就是思政元素，围绕着思政元素进行创意构思，在作品创作中达到育人的目的。

四、课程思政教学实施

（一）教学的组织

线上：全情投入，注重师生沟通交流，多策并举丰富线上教学。

（1）每天课前发布网络课程学习要求，说明课程的内容设计，学习的重点难点，学生学习的注意事项以及作业要求。让学生带着问题去学习，学习后能解决什么问题。线上学习不固定在课表时间，让学生根据自己的时间安排，灵活地进行在线学习。

（2）在线教学师生互动。采用微信和课程群聊功能进行，学生的疑难问题时间不集中、不固定，老师全天候随问随答，随时掌控学生的学习动态和思想波动，减少学生等待时间，避免学生产生厌学心理，对个别学生进行视频单独辅导。

（3）在线课堂作业点评与总结。利用课程平台的讨论版块，学生把线下制作的作品以视频的格式，在讨论版块发布，教师对学生的作品的制作技巧和主题创意进行点评，提出问题和修改建议。

（4）推荐网络上优秀的影视广告作品，让学生感受和借鉴作品的创意和创作手法，开拓学生视野，培养学生的创新思维。

线下：精心指导，注重学生专业实践，以核心价值观为主题开展线下创作。

第一阶段：解决线上学习的疑难问题，提高学生的专业知识能力，在辅导答疑中融入思想教育与价值引领，使学生专业技能和政治觉悟双提高。

第二阶段：组织学生欣赏爱国主义、爱岗敬业、文明有礼、反腐倡廉、保护环境等为主题的优秀公益广告作品，分析讲解公益广告的制作方式，技巧与原理，使用到的专业知识，制作应注意的事项。讲解主题内涵，宣传正能量，使学生树立正确的人生观、价值观。

第三阶段：组织讨论，确定主题，撰写公益广告剧本。每个学生针对自己公益广告方案进行讲解，说明制作技巧、主题内容、社会影响、教育意义，教师根据剧本情况给出指导意见。

第四阶段：公益广告作品制作，在制作过程中亲身感受作品的教育意义。

（二）在线教学管理

影视后期特效课程利用超星网络课程平台的各种功能和在线课程学习数据进行管理，对学习数据统计特别低、课堂作业效果差的学生，电话或微信询问具体情况，重点关注，采用先鼓励、后批评的原则，激励学生学习。

线下以学生为中心，根据学生的特长和能力进行启发、引导。学生就是导演，让学生感受到自己在实践创作中的重要性，把由教师管理课堂变成由学生自己管理课堂。

（三）考核评价

课程考核方式主要包括两个方面：线上学习成绩50%的过程性评价和结课作品创作成绩50%的结果性评价，线上考核主要是学生的专业学习情况和对思政内容的认知。结课作品创作考核的是学生主题作品创作实践的情况，是学生的动手能力和创新能力，重点是学生创作的作品的主题创意、价值观导向、社会宣传影响等方面，其次是制作技巧以及作品的画面效果等几个方面综合的评价。

五、课程创新特色

影视后期特效课程一直以来注重思政内容教育，在专业知识传授中，融入社会主义核心价值观教育，开展廉政文化进课堂，学生在线下专业实践过程中创作了大量廉政公益广告作品。疫情期间线上影视后期特效课程得到了学生和专家的认可，获评校级线上教学典型案例，多次做经验介绍。

课程能够充分调动学生学习的积极性，线上课程随时观看，线下以实践为主在教师的指导下进行创作，培养专业实践能力和良好的思想品质，打破了传统的教学方式，真正实现翻转课堂。学生学习更灵活，借助平台的回放功能，可以查缺补漏、巩固知识、提高学习效率，不受时空限制，课堂教学得以延续。

参考文献

[1] 赵西娅. 从"思政课程"走向"课程思政"[N]. 新疆日报，2019-06-11.

[2] 高海涛. 协同育人视角下《立体构成》课程思政教学实践探究[J]. 赤峰学院学报（汉文哲学社会科学版），2019，40（12）：157-159.

[3] 邢伟，郭晓彤. 高职专业课"课程思政"实践路径探讨——以"公共关系"课程为例[J]. 职教通讯，2018（24）：16-21.

师范类专业数学分析课程教学实践的研究*

◎ 孙　杰　　牡丹江师范学院 数学科学学院

◎ 那园园　　牡丹江师范学院 数学科学学院

[摘　要] 本文结合本校办学特色及人才培养的实际情况，以数列极限、导数定义及由平行截面面积求体积三节课为例，探讨师范认证背景下数学分析课程教学中思想品德元素的挖掘及探索推进中采取的方法。

[关键词] 数学分析；课程教学；极限；积分

数学分析课程是高等院校数学类专业的学科基础课程之一，是分析学方向的最重要的学科基础课程。本课程开设的目的在于使学生理解数学分析中的基本概念和基本理论，掌握典型的分析方法和技巧；培养学生严格的逻辑思维能力、熟练的计算能力和较强的解决实际问题的能力，以加深对中学数学的理解，并为实变函数、泛函分析等课程打下基础。

数学分析课程内容主要包括一元函数微积分、多元函数微积分及级数理论。在教学过程中，我们立足于数学与应用数学专业培养目标，结合数学分析课程特点，使学生掌握一定的数学分析的思想方法，培养学生严谨的治学态度，学习数学知识的同时，树立正确的人生观、世界观、价值观，激发学生的学习兴趣和坚定的职业信仰。数学分析课程集科学性、严密性和连贯性于一体，系统性和逻辑

　* 基金项目：牡丹江师范学院思政项目支持（项目编号：KCSZ-2020004），中央支持地方高校发展专项资金优秀青年项目（2020YQ07）。研究生思政项目（编号：KCSZKC-2022026，KCSZAL-2022013）。

　作者简介：孙杰（1980—），博士，副教授，研究方向为调和分析及其应用，讲授数学分析、实变函数等课程。那园园（1993—），汉族，讲师，研究方向为学科教学。

性强，是连接初等数学和高等数学的桥梁，也是区分初等数学和高等数学的标志，对于刚上大学的大学生来讲，从初等数学用非极限方法研究常量数学到高等数学用极限方法研究变量的转变过程中起着关键作用，通过本课程的学习，学生可以对近代数学的发展，有一个初步的了解，进而提高学习数学的兴趣，提高使用所学解决问题的能力。数学分析课程集科学性、严密性和连贯性于一体，系统性和逻辑性强，是连接初等数学和高等数学的桥梁，也是区分初等数学和高等数学的标志，对于刚上大学的大学生来讲，从初等数学用非极限方法研究常量数学到高等数学用极限方法研究变量，数学的转变过程中，该课程的学习起着关键作用。通过本课程的学习，学生可以对近代实用数学的发展，有一个初步的了解，进而提高学习数学的兴趣。

一、结合专业特点，融入思想品德元素

数学与应用数学专业是为国家培养新时代数学教师队伍的专业。新时代的师范生应具有爱岗敬业、无私奉献的理想信念，德高为师、身正为范的道德情操，集专业知识与科学素质的扎实学识，爱国家、爱学生、爱自然的仁爱之心。培养学生应该遵循因材施教、因地制宜的基本原则，结合数学与应用数学专业学生的自身特点和培养目标要求有的放矢。这就需要每一位专业课教师在教学过程中循循善诱，使我们培养的学生能够成为适应基础教育改革发展需要，具有创新精神和实践能力的中学数学教师。

二、深挖课程内容，提炼思想品德元素

数学分析是数学与应用数学专业的核心基础课，是后续专业课学习的基础，也是数学专业硕士研究生入学考试的笔试科目，其重要性毋庸置疑。但由于数学分析课时多、内容难、周期长等原因，数学分析的教学仍以传统教学手段为主。在课程立德树人的目标下，给学生传播正能量，以教师的主导作用发挥学生在课堂中的主体作用，使学生在学到专业知识的同时，树立正确的人生观、世界观、

价值观，进一步激发学生的学习兴趣和坚定的职业信仰。

首先，我们以数列极限的概念这节课为例，深入剖析概念，使学生们从本质上掌握分析学的概念。

问题导入：结合中国古代哲学家庄周所著的《庄子·天下篇》中："一尺之棰，日取其半，万世不竭。"通过实例，先给出数列收敛的描述性定义，进一步引入数列收敛的 $\varepsilon - N$ 语言。设 $\{a_n\}$ 为数列，a 为实数，若对任给的正数 ε，总存在正整数 N。使得当 $n > N$ 时有 $|a_n - a| < \varepsilon$。则称数列 $\{a_n\}$ 收敛于 a，实数 a 称为数列 $\{a_n\}$ 的极限。并记作 $\lim\limits_{n\to\infty} a_n = a$ 或 $a_n \to a(n \to \infty)$。通过静态与动态，无限到有限，量变与质变的辩证关系。通过例题分析加深学生们对 $\lim\limits_{n\to\infty} a_n = a$ 的 $\varepsilon - N$ 的关键是要找到与 ε 相关的 N，而我们关心的是 N 的存在性；ε 的任意性，暂时固定性，多值性；N 的相应性，多值性。这里主要体现定义中变量之间的关联性。培养学生科学的思维方式，掌握学以致用的本领，培养学生严谨的学习态度。而有些问题的 N 直接利用 $|a_n - a| < \varepsilon$ 求解 N 并不容易。例如 $\lim\limits_{n\to\infty} \dfrac{a_n}{n!} = 0(a > 1)$ 在 $|\dfrac{a^n}{n!} - 0| < \varepsilon$ 中 N 不好求解。因此在许多的讨论中可以适当放大 $|a_n - a| < * < \varepsilon$，而恰当地 $*$ 满足 $* < \varepsilon$ 可以找到 N 的存在性。上例可以如下放缩求可以求出 N.因为

$$\frac{a^n}{n!} = \frac{a}{1} \cdot \frac{a}{2} \cdots \frac{a}{[a]} \cdot \frac{a}{[a]+1} \cdots \frac{a}{n} < \frac{a^{[a]}}{[a]!} \cdot \frac{a}{n} = c \cdot \frac{a}{n} \quad (c = \frac{a^{[a]}}{[a]!})，\forall \varepsilon > 0，要使$$

$$\left|\frac{a^n}{n!} - 0\right| = \frac{a^n}{n!} < \varepsilon，只要 \frac{c \cdot a}{n} < \varepsilon，取 N = \left[\frac{c \cdot a}{\varepsilon}\right]，则只要 n > N，就有 \left|\frac{a^n}{n!} - 0\right| < \varepsilon，$$

即 $\lim\limits_{n\to\infty} \dfrac{a^n}{n!} = 0$。

用定义求极限或证明极限的关键是适当放大不等式，需注意两点，一是把隐性表达式变成显性表达式，在重锁迷雾中看清庐山真面目，二是抓住主要矛盾，舍去次要矛盾；要取舍合理，不能放大得过分。比如 $|a_n - a|$ 为分式时，我们一般

放大分母，缩小分子，放缩的*式中分母中要保留 n。

极限思想贯穿整个数学分析教程。数列极限的思想是数学分析课程中后继学习极限、微积分等的基础。教学内容包括极限起源、极限定义及极限本质。主要通过师生共同探讨，以启发式教学贯穿课堂，激发学生对学习的兴趣和课堂知识的融会贯通。结合历史，抽象出极限概念，深深体会到数学的魅力与严谨性。

其次，我们以导数的定义这节课为例，探讨教学中如何融入学科前沿。

作为新一章的开篇，我们通过介绍数学家费马（Fermat）、牛顿（Newton）、莱布尼兹（Leibuniz）等数学家对导数研究的贡献来激发学生的求知欲望。

介绍导数定义时，我们以我国航天事业蓬勃发展，神州 13 号宇宙飞船成功发射，是我国航天事业的又一伟大壮举为例，考虑宇宙飞船发射过程中，某一时刻的瞬时速度如何求；另一方面以几何问题中的平面曲线在某一点处切线的斜率如何得到两个问题来引入。

两个实际问题讨论了一种特殊形式的极限

$$\lim_{x \to x_0} \frac{f(x) - f(x_0)}{x - x_0} \tag{1}$$

是否存在的问题。并随着科学研究的深入许多物理及几何问题都归结为讨论（1）式极限是否存在的问题。因此引出导数的定义。设函数 $y = f(x)$ 在 x_0 的某邻域内有定义，若极限

$$\lim_{x \to x_0} \frac{f(x) - f(x_0)}{x - x_0}$$

存在，则称函数 f 在点 x_0 处可导，并称该极限为 f 在点 x_0 处的导数，记作 $f'(x_0)$，即

$$f'(x_0) = \lim_{x \to x_0} \frac{f(x) - f(x_0)}{x - x_0} \tag{2}$$

若上述极限不存在，则称 f 在点 x_0 处不可导。这是典型的从具体模型抽象出一般给出定义的方法。而这种定义的给出，也说明了数学是基础，是工具学科，

其重要性毋庸置疑。

引入导数的定义之后，介绍了一个重要结论即"可导必连续"，而这个命题的逆命题却不一定成立。一个的例子就是 $y=|x|$ 在 $x=0$ 处的左右导数不同，因此该函数在 $x=0$ 处不可导，图像上看 $x=0$ 为函数 $y=|x|$ 的一个"尖点"，但 $y=|x|$ 在点 $x=0$ 连续，引申出图像上具有"尖点"或"角点"的函数在"尖点"或"角点"的横坐标处是连续的，但却不是可导的，因此可以设计一个教学环节让学生构造出具体函数在某一点 $x=a$ 连续并不可导的例子，如 $y=|x-a|$。进一步再激发同学们利用常用的等价无穷小构造其他的函数是否能够造出来其他函数，学生会构造出 $y=\sin|x-a|$，$y=e^{|x-a|}-1$ 等，继续追问能否构造出有 n 个不可导点的连续函数，学生在启发下构造出 $y=|x-a_1||x-a_2|\cdots|x-a_n|$，$y=\sin(|x-a_1||x-a_2|\cdots|x-a_n|)$ 及 $y=e^{|x-a_1|\cdot|x-a_2|\cdots|x-a_n|}-1$（$a_1\neq a_2\neq\cdots\neq a_n$）等[1]。再继续追问一个自然的问题"是否存在处处连续处处不可导函数"？先来做一个 $[-1，1]$ 上的函数 $f(x)=\begin{cases}x+1,&-1\leqslant x<0\\-x+1,&0\leqslant x<1\end{cases}$ 在 R 上做周期延拓，其图像的"尖点"对应的横坐标 $x=0,\pm 1,\pm 2,\cdots$ 为这个函数的不可导点，将一个周期 $-1\leqslant x\leqslant 1$ 四等分为底边，另两边分别作平行于 $f(x)=\begin{cases}x+1,&-1\leqslant x<0\\-x+1,&0\leqslant x<1\end{cases}$ 的相似三角形，再进行延拓，我们得到了一个连续函数其"尖点"对应的横坐标为 $x=0,\pm\dfrac{1}{4},\pm\dfrac{1}{2},\pm\dfrac{3}{4},\pm 2,\cdots$，重复上述过程就可以得到处处连续处处不可导函数。著名的例子是 1872 年魏尔斯特拉斯（Weierstrass）利用函数项级数构造的如下函数

$$f(x)=\sum_{n=0}^{\infty}a^n\cos(b^n\pi x),\text{其中}a<1,b=2Z+1,(Z\in R),\text{且}ab>1+\dfrac{3}{2}\pi$$

魏尔斯特拉斯的反例构造出来后，在数学界引起极大的震动，因为对于这类函数，传统的数学方法已无能为力，这使得经典数学陷入又一次危机。但是反过来危机的产生又促使数学家们去探索新的方法对这类函数进行研究，从而促成了

一门新的学科"分形几何"的产生。所谓"分形"，就是指几何上的一种"形"，它的局部与整体按某种方式具有相似性。[2] "形"的这种性质又称为"自相似性"。自然界中有许多图形具有自相似性，可以给同学们展示雪花、松果的果实等图片，可以让同学感知数学的美。通过对知识的深入探究，带领学生们体会学科之间的联系及数学问题提出的自然性，培养学生们的学习自信心。

最后，我们以由平行截面面积求体积这一节课为例，进一步探究定积分定义的本质。

我们对 $[a, b]$ 做一个分割 T，$x_0 = a < x_1 < \cdots < x_{n-1} < x_n = b$ 通过这些分点做垂直于 x 轴的平面，将空间立体 Ω 分割成 n 个小空间立体薄片，那么第 i 个小薄片 Ω_i 的体积 ΔV_i 近似的等于 $\Delta V_i \approx A(\xi_i)\Delta x_i$，其中 ξ_i 为 Δx_i 上任意一点；求和：把 n 个小薄片的体积的近似值叠加得到了 Ω 的体积 $V \approx \sum_{i=1}^{n} A(\xi_i)\Delta x_i$，若 $A(x)$ 在 $[a, b]$ 上连续，则在 $[a, b]$ 上必可积，对上式取极限令 $\|T\| \to 0, \|T\| = \max\limits_{1 \leqslant i \leqslant n}\{|x_i - x_{i-1}|\}$，有

$$V = \int_a^b A(x)\,\mathrm{d}x = \lim_{\|T\| \to 0} \sum_{i=1}^{n} A(\xi_i)\Delta x_i.$$

对于空间立体 Ω 的截面面积函数 $A(x)$ 在 $[a, b]$ 上连续则 Ω 的体积公式为

$$V = \int_a^b A(x)\,\mathrm{d}x$$

已知截面面积求体积的过程同样采用"分割-近似代替-求和-取极限"的方法，在这一过程中，我们将分割得到的小薄片用圆柱体近似代替，体现了辩证唯物主义中直与曲对立统一的原则，也体现了化整为零、积零为整的思想方法，而对"黎曼和"取极限更是科学而完美地实现了近似与准确的辩证统一。如果空间立体 Ω_1，Ω_2 做垂直于 x 轴所得截面面积函数为连续函数 $A_1(x)$ 和 $A_2(x)$ 且 $A_1(x) = A_2(x)$，$a \leqslant x \leqslant b$，由截面面积函数求体积公式我们有

$$V_1 = \int_a^b A_1(x)dx = \int_a^b A_2(x)dx = V_2.^{[3]}$$

众所周知，祖暅原理"幂势既同，则积不容异"这个思想比西方早一千一百多年。而借助平行截面面积求体积公式，我们可以验证截面面积相同则体积也相同，与祖暅原理相互印证。并利用平行截面面积求体积公式我们还可以得到如"牟合方盖"的体积。体现了数学思想在解决实际问题中的重要性。

祖暅原理不仅是中国数学史发展中的一颗明珠，更是我国古代劳动人民的智慧结晶。教师通过相关知识的教学，不仅使学生学习知识，也可以让学生认识古代数学思想的形成与发展，以及其中的现实意义，从而使学生们树立文化自信，愿意为中国文化的发展贡献自己的力量。

从培养师范生教学能力的角度来讲，通过学习祖暅原理与微积分的联系，也可以培养数学师范生将数学史融入中学数学课程中的意识和能力。强化学生在教学中 HPM 的应用意识，多角度提升教学有效性。[4]

三、教学方式方法的改革

（一）教学方法

板书与多媒体结合法、讲授与讨论研究结合法、启发与自主探究结合法。

（二）采取的举措

（1）改革教学方式。由常规的灌输式教学转向专题讲座、讨论等方式，充分调动学生的主观能动性；

（2）改革教学手段。通过制作多媒体课件、课程片段的报告等手段，增强教学过程中的感性认识；

（3）改革考核方式。本课程除了进行常规的考核方式外，还增加了学生习题讲解部分的考核，注重了考核学生的应用能力，及时了解学生在学习中的不足。

四、总结与拓展

这几节课我们从哲学思想和思想品德两个方面切入进行了教学设计，团队立足数学分析课程的建设，还要进行后续课程中思想品德元素的挖掘及探索，并进行教学尝试，以期从教学反馈中逐步完善数学分析课程的思想品德建设，通探索促动数学分析课程的教学改革进一步提高教学效果，使课程建设与思想品德建设"同向而行"。

参考文献

[1] 孙杰，王岚，孙兰．构造不可导点的一种方法[J]．牡丹江师范学院学报（自然科学版），2010（04），3-4．

[2] 常庚哲，史济怀．数学分析教程（上册）[M]．北京：高等教育出版社，2003：446-448．

[3] 华东师范大学数学科学学院．数学分析第五版（上册）[M]．北京：高等教育出版社，2020.4，225-228．

[4] 肖明轩．信息技术支持下的 HPM 教学实践研究——以祖暅原理和丹德林双球模型为例[D]．江西师范大学，2020：18-29．

普通高校太极拳课程思政教学探索*

◎ 孙明和　　　牡丹江师范学院 体育与健康科学学院

◎ 于　杰　　　牡丹江师范学院 体育与健康科学学院

[摘　要] 太极拳是我国众多非物质传统文化遗产中一颗璀璨的明珠，具有丰厚的文化底蕴和教育价值。我国许多高校将太极拳列入体育教学范围内，用以强健学生的体魄，打磨学生的心性，培养学生的综合素质。近年来，"课程思政"一词一经提出便成为教育领域的热点，各高校纷纷开始推进教学改革，尝试将课程思政融入传统学科教育中，增强各学科的德育作用，太极拳课程教学也不例外。基于此，对当下部分普通高校的太极拳课程教学开展状况进行了研究、整理和分析，通过从太极拳教学资源、太极拳教师的思政能力、太极拳教学方式设计以及太极拳课程教学评价体系等多个角度反映现阶段部分普通高校太极拳课程教学存在的问题，并提出一些课程思政融入太极拳教学的有效策略，用以提升太极拳课程教学中的德育效果，为太极拳课程能更好地促进学生思想道德政治素质提供理论指导。

[关键词] 普通高校；太极拳；课程思政；教学探索

课程思政是将"立德树人"作为教育的根本任务，在各类学科课程教学中融

* 基金项目：牡丹江师范学院思政教改专项，项目名称：大学体育（太极拳），课题编号 KCSZ-2020065；黑龙江省高等职业教育教学改革研究项目，项目名称高职体育课融入课程思政的策略研究与实施，项目编号：SJGZY2020011。

作者简介：孙明和（1979—），男，黑龙江宾县人，硕士研究生学历，讲师，研究方向为体育教育训练学。于杰（1979—），男，黑龙江密山人，硕士研究生学历，讲师，研究方向为体育教育训练学。

入更多的思想道德政治教育内容，要求全体教学人员参与教学全过程，从而与思想政治理论课程形成协同效益，达到全员、全程、全课程育人的一种教育理念。而太极拳是我国源远流长传统文化的沉淀，代表着我国的民族文化素质，蕴含着丰富的优秀文化价值观念和哲学思想，天然便是课程思政的优秀载体。因此各高校应顺应课程思政教学改革形势，发挥太极拳的文化优势，使得学生在学习太极拳的过程中感受更多的太极拳文化，从而达到育人的目的。然而现阶段部分高校在开展太极拳课程教学过程中仍然存在许多的问题，如教学资料不齐全、教师的教学水平不高、教学和评价方式单一等。各高校要努力弥补自身太极拳课程教学的不足之处，深入挖掘太极拳课程中的思政元素，积极探索课程思政融入太极拳课程教学的有效路径。

一、现阶段普通高校太极拳课程教学存在的问题

（一）教学资料匮乏

教学资源匮乏是各高校开展太极拳课程教学存在的普遍问题。不同于传统的热门体育课程，太极拳虽然是我国的传统文化体育项目，但走进各高校教育视野的时间较短，绝大多数的高校都没有积累到足够的太极拳教育资源和教学经验。太极拳圈子与其他更加冷门的中国传统文化运动一样较为小众，且受众大多为中老年人，我们能经常在公园中的老太太、老爷爷身上看到太极拳这项传统运动，但很少能见到年轻人耍弄太极拳。倘若没有年轻人继承和发扬太极拳文化，那么我国的太极拳文化将会在未来慢慢流失，相应的太极拳教学资源也变得更加难以寻觅。对于各高校来说，想要真正地将现有的太极拳教学资源整合挪用到太极拳课程教学中，构建出一套完整的太极拳课程教学体系仍然任重而道远。现如今，我国的太极拳课程教材和教学大纲并没有实现统一，教学内容也存在许多空白，各高校完全凭借自身现有的少量教育资源开展"轻度"太极拳课程教学，难以为高校的学生带来完整的太极拳学习体验。大部分高校的太极拳课程都存在重技巧而轻理论的问题，学生有模有样地模仿太极拳教师传授的固定动作，反复练习，

最后学会了招式但却并不通晓招式背后的思想和文化。一方面的原因是太极拳理论教学资源的匮乏。许多太极拳教材都将重心放在教学技巧上，对于技巧背后的文化和思想往往一笔带过。许多教师按部就班地使用教材开展教学，并不会主动将教材中太极拳理论展开教学，从而造成太极拳理论教学薄弱。另一方面的原因是太极拳理论教学人才稀缺。我国各地区不乏具有出色技巧的太极拳手，但真正对太极拳背后的文化和哲学思想有着深入理解的大师少之极少，导致各高校只能依赖于教材开展太极拳课程教学，难以发挥出太极拳教学的德育价值。

（二）学生积极性和参与度不够高

上述提及目前太极拳的受众面主要为中老年人，青少年对太极拳知之甚少，大多只了解太极拳的基本形态，没有更加深入地了解太极拳技巧和文化。太极拳运动在青少年心中的印象往往是动作缓慢、招式单一、缺乏武术刺激感，被赋予了"养老"的标签，这不仅仅是太极拳一项运动的"偏见"，更是一种传统文化的断代。改革开放以来，受到西方和东亚文化思潮的影响，柔道、拳击、跆拳道等搏击型的武术项目更加受到我国青少年的青睐，本就数量稀少的武术爱好群体被进一步的分化，留给太极拳运动的青少年市场被严重压缩，这导致许多高校即便设有太极拳课程也没有许多学生去选修。由于对太极拳运动的不了解，各高校学生学习太极拳的积极性和参与度较低，难以形成一股庞大的文化推广群体。与此同时，太极拳课程学习的功利性与太极拳文化的内在思想相违背，许多学生参与太极拳课程学习完全是出于学分目的，只为了在期末拿到好的分数，他们在练习太极拳动作时更加注重动作的标准性，止步于技术层面，浅尝辄止，缺失了太极拳运动的"精气神"，难以说得上是真正学会了太极拳。此外，各高校学生学习太极拳运动积极性不高的另一大原因是现有的太极拳教学缺乏有深度的吸引力。许多高校太极拳技巧教学和文化教学是分割开的，部分太极拳教师只向学生教授技巧"皮囊"，却没有给予学生足够的理论和文化讲解。学生知其然却不知其所以然，自然缺乏内生动力去主动了解和研究太极拳运动和文化，更无法从太极拳教学中感受到其背后所蕴含的德育理念和哲学思想。

（三）教师太极拳教学水平不高

现如今，我国多数高校的太极拳课程教学都是由体育老师兼任。而高校的体育老师往往是综合型教师，并不是太极拳科班出身，也不以传授太极拳见长，自身或是出于爱好，或是出于教学需求，只掌握太极拳的基础招式形态，对太极拳招式的内涵以及背后的文化思想浑然不知，无法给学生提供全面而深入的专业见解，这使得太极拳教学质量不高。与此同时，太极拳教师从本质上类属于体育教师范畴，在课程思政的视野下，许多传统的体育教师自身的思政素养只能达到教师的基本要求，缺乏足够的思政教学能力，无法将课程思政有效地融入太极拳教学中，从而导致太极拳课程思政教学改革工作推进缓慢。

（四）评价体系落后

目前我国多数高校的太极拳教学成绩评价主要由学生的动作标准性和课程出勤状况决定，缺乏对学生太极拳理论文化知识、思想、品质、行为等思政方面的考核。为了获得好成绩，学生往往只专注太极拳的技能技巧，反复练习同一套动作，这容易使学生丧失学习兴趣和积极性，不利于太极拳教学的长期发展。

二、普通高校太极拳教学融入课程思政的有效策略

（一）整合教学资源，普及太极拳文化

加强太极拳教学资源的收集、整合，并挖掘其中的文化和教育价值是太极拳课程思政教学改革的首要工作内容。新媒体时代下，冷门学科的教学资源相较于过去变得更加容易获取。互联网和新媒体平台成为各类知识的载体，许许多多的内容创作者都会在各类平台上分享自己所拥有的知识和教学资源。各高校要充分发挥互联网和新媒体技术的优势，积极推进教学资源数字化建设，开发太极拳网络课程，通过互联网征集太极拳教学资源，用其丰富原有的课程内容，为学生提供全面完整的课程体验。各高校还需要优化太极拳课程结构，邀请太极拳领域的大师参与到教材编纂和课程设置工作中，积极听取和采纳太极拳专家的观念，结合本校的太极拳教学实际状况调整教材内容和教学方案，增添更多的太极拳理论

教学，注重培养学生良好的思想道德素质和精神品质，从而保证太极拳教学的课程思政效果。与此同时，各高校要加大太极拳文化的宣传和推广力度，鼓励在校学生尝试太极拳运动，扩大太极拳的受众面，提高太极拳文化的讨论度，使得学生能在课余时间发展多样化的太极拳活动，如太极拳比赛、太极拳古装剧等，从而为太极拳教学创造良好的文化和思政环境。

（二）提高太极拳教师的综合教学能力

身为太极拳的教学主体，太极拳教师的思政水平和教学水平直接影响到课程思政在太极拳教学中的融合程度。课程思政视域下，一名优秀的太极拳教师不仅需要有专业的太极拳教学能力，还必须具有较高的政治思想觉悟，在道德上保持高标准，能做到以身作则，言行统一，积极培养学生良好的思想道德素质。一方面，各高校要拔高太极拳教师的任用门槛，考核应聘教师的思想政治素养、太极拳技巧能力、太极拳理论理解水平以及基本教学能力，严把太极拳教师的专业关、师德关和政治关，从而确保太极拳教师的综合能力达到太极拳课程教学要求。另一方面，针对在岗的太极拳教师，各高校要定期开展教学培训活动，提高太极拳教师的太极拳理论和文化素养，并鼓励太极拳教师与思政教师沟通交流，促进思政教学与太极拳教学的有效融合。

（三）优化教学方式

每一个太极拳招式的背后都有其相应的文化内涵、哲学思想和思政内容作为支撑。太极拳教师在开展太极拳课程教学时不仅要注重动作技巧方面的讲解，还要向学生普及太极拳文化，突出太极拳中攻防、阴阳、刚柔含义，将太极拳中蕴含的思政元素融入教学中，使学生能在学习太极拳的过程中感知太极文化，理解哲学思想，从而提升学生的思想道德素养。

（四）建立多层次的教学评价体系

完善的教学评价体系是太极拳课程思政教学改革能顺利开展的保障。各高校要优化太极拳教学评价考核内容结构，建立多层次的教学评价体系，在太极拳技巧考核评价的基础上增添更多的太极拳理论文化知识、思想道德素养等方面的评价内容，给予学生正确的太极拳学习引导和激励，提高学生对于思政方面的重视，从而使他们成长为兼备强健体魄和优秀思想道德素质的高素质人才。

三、结论

综上所述，将课程思政融入太极拳课程教学是我国各高校推动教育改革的必然举措，对于提升太极拳教学的德育效果，促进学生全面发展有着重要意义。各高校要充分认识到太极拳课程的德育价值，加快推进太极拳课程思政教学改革，利用互联网信息技术整合太极拳课程教学资源，宣传和普及太极拳课程中的传统文化；引入和培养太极拳课程教学的专项教师，提升太极拳教师的综合教学能力；优化太极拳教学方式，将太极拳技巧和太极拳文化精神教学两手抓；建立多层次的教学评价体系，降低学生的学习功利性，激发学生的学生兴趣，从而使课程思政有效地融入太极拳教学中，实现我国优秀传统文化精神的传承和发扬。

参考文献

[1] 马婉红. 论思政教育在体育与健康课堂中的重要性[J]. 农家参谋, 2020(15): 166.

[2] 盛杰, 王辉, 朱中尧. 二十四式简化太极拳教学设计与实施效果解析[J]. 中华武术, 2021 (06): 113-116.

[3] 符木红, 贺天津. 疫情期间太极拳教学课程创新研究——以华东交通大学为例[J]. 太原城市职业技术学院学报, 2021 (05): 123-126.

英语学科素养观下的国际化人才培养策略*

◎ 王丹丹　　牡丹江师范学院 西方语言学院

[**摘　要**] 基于英语学科核心素养：语言能力、文化意识、思维品质、学习能力四个维度分析国际化人才的必备素养。现阶段的人才培养中存在课程设置、教学理念、教学评价与培养人才的核心素养脱节的问题。为了解决这些问题，英语教学可以从课程设置多元化、教学方法灵活化、评价形式多样化三方面进行改革，助力国际化人才英语学科核心素养的培养。

[**关键词**] 英语学科核心素养；国际化人才；培养策略

随着"一带一路"倡议的推广和人类命运共同体理念的构建，国际化人才对我国提高全球化治理能力，提升国际话语权发挥的作用与日俱增。《国家中长期教育改革和发展规划纲要（2010—2020 年）》强调，要适应国家经济社会对外开放的要求，培养大批具有国际视野、通晓国际规则、能够参与国际事务和国际竞争的国际化人才。国际化人才在中国走向世界道路上的作用越来越明显。英语作为世界通用语，是国际化人才必备的技能之一，英语教学也是我国人才培养的重要组成部分。"培养什么人"是英语教学一直以来关注的重点，也是世界范围内各国教育从业人员研究的重点。

---

*　**基金项目**：本文系牡丹江师范学院课程思政教学改革项目"大学英语读写 1"（项目编号：KCSZ-2020066）；黑龙江省教育厅重点委托项目"创新大学英语教学模式提高大学英语人才培养质量的研究与实践"（项目编号：18-XJZ20003）；牡丹江师范学院新冠疫情防控与应对专项项目"新冠肺炎疫情防控背景下基于在线资源整合的外语智慧课堂建构研究"（项目编号：YQFK2020016）的研究成果。

作者简介：王丹丹，牡丹江师范学院副教授，研究方向为英语教学、应用语言学。

2003 年，国际经济合作与发展组织（OECD）明确提出了核心素养这一概念，为教育和人才培养指明了方向，世界各国纷纷就核心素养展开研究，并结合本国教育实际架构本土的核心素养观。教育部在 2014 年颁布了《关于全面深化课程改革落实立德树人根本任务的意见》提出了核心素养体系概念，以"立德树人"为出发点，明确了学生应具备的适应终身发展和社会发展需要的必备品格和关键能力。学生发展核心素养以培养"全面发展的人"为核心，包括文化基础、自主发展、社会参与三方面。英语学科核心素养是学生发展核心素养在英语学科中的具体化，是学科育人的直接体现，是学生通过英语学习而逐步养成的正确价值观念、必备品格和关键能力。英语学科核心素养包括语言能力、文化意识、思维品质和学习能力四个方面。四者互相渗透，彼此促进，共同作用于英语人才的培养。

一、英语学科核心素养视角下的国际化人才

（一）中国心——强烈的国家认同感

学生发展核心素养的一个基本要点就是国家认同感，也就是爱国精神。具有国家意识，认同国民身份，怀有文化自信，传播中华优秀传统文化，拥有为实现中华民族伟大复兴中国梦而奋斗的理想信念，这些都是爱国精神的具体体现。在国际交流中怀有强烈的国家和民族认同感，才能在复杂的文化环境中找准自我定位，明确自身价值，以积极、正面的态度与他人合作沟通。因此，国家认同感是国际化人才的必备品格，也是对"为谁培养人"的终极回答。

（二）语言能力——用英语言事做事的能力

人类沟通的主要工具是语言。国际交流合作主要通过共同理解和有效表达的语言来实现。语言能力指用语言做事的能力，包括语言知识、语言意识、语言技能和交际策略等。国际化人才的语言能力包括用母语（中文）做事的能力，也包括用英语作为世界语去做事的能力。概括而言，英语学科核心素养视角下的语言能力是人们用一种内化了的语音、词汇、语法等语言规则体系在真实的情景中进行社会交往的能力，包括传递信息、交流思想和表达感情。

（三）文化意识——跨文化理解和交流的能力

合格的国际化人才除了具备良好的语言能力之外，必须具备强烈的文化意识和跨文化交流能力。英汉两种语言、两种文化，由于历史、地理、政治、宗教、风俗等不同，天然地存在巨大差异，这种差异往往会造成国际交流上的障碍和误解。要破除障碍、消除误解、完成国际交流，必须从了解他国的文化价值观、宗教信仰和风俗习惯等入手，学会尊重多元文化。文化意识的重点不仅仅局限于了解各国文化的内涵，理解和尊重文化差异，还在于通过文化比较和批判性思考，汲取文化中的精华，形成正确的文化价值观，并且能够在全球化的语境下进行跨文化理解和交流。

（四）思维品质——批判性的思考能力

英语学科核心素养视角下的思维品质强调思维的逻辑性、批判性和创新性，包括分析、推理、判断、理性表达等活动。人脑对外界信息的接受需要经过分析—质疑—推理—创造的思考过程。这一过程体现了人的批判思维能力。它是一种主动获取有效客观信息的能力，是一种合理的、反思性的思维。国际化人才只有具有逻辑性和批判性的思维能力，才能创造性地运用语言做事，承担跨文化交流的重任。当前的国际形势复杂多变，纷繁的信息、观点和思想层出不穷，既不能盲目接受，亦不能轻易否定。因此，合格的国际化人才必须有鉴别真伪、去伪存真的批判思维能力，才能承担起实现中国"走出去"的重要使命。

（五）学习能力——自主性的终身学习能力

学习能力指积极调动和运用各种学习策略，包括元认知策略、交际策略、情感策略等，安排和调整自己的学习时间、学习任务、学习目标、学习方法等，拓宽学习渠道，提高学习效率的能力。信息技术、网络技术、人工智能的飞速发展改变了学习方式和学习形态。建设学习型社会、学习型国家已经在国家层面上形成共识，国际化人才必须是能够进行自我管理的、具有终身学习能力的人才。

二、英语学科教学中人才培养存在的问题

（一）课程设置与英语人才的核心素养培养脱节

一直以来，国际化人才标准是能够说一口流利的外语，加上国内高校的国际化人才培养深受工具主义的影响，以流利的外语交流能力和了解国外文化为目标，重视外语的听、说、读、写、译等语言技能的培养。外语教材中的内容多以西方的历史、文化、政治、经济、社会等相关知识为主，缺少我国的本土文化知识，这也造成了现在很多外语学习者热捧西方文化，忽视本土文化，对我国的国情现状、传统文化、政治经济等了解不深，尤其是从我国传统文化背景出发，基于我国实际国情，在复杂的国际语境中传播中华文化的能力有待提高。

（二）教学理念与英语人才的核心素养脱节

目前，学生学习外语的功利性和目的性比较强。很多学生是为了通过英语四级、六级、考研、托福、雅思等考试，以便在未来的职场和学习深造中占据优势。很多学校也将大学英语四六级通过率等作为考核教师教学效果和学生学习成果的标准。而这些考试多以考查语言知识为主，因此，语音、词汇、语法、应试技巧就成为学生学习和教师教学的重点，从而忽视了学生关于文化品质和思辨能力的培养。随着国际交流的日益深入，我国与世界各国的交流不只是局限于单纯的语言交流层面，更多的是思想和文化层面的交流，这就对国际化人才的思辨能力提出了更高的要求。

（三）教学评价与英语人才的核心素养脱节

当前，英语类课程的设置以理论性课程为主，教学仍然围绕课堂教学展开，缺少甚至没有实践、实训类课程。课程设置的形式决定了考核评价的形式。长期以来，外语水平的评价形式都是从听、说、读、写、译等语言技能的角度考查学生客观性、理论性知识的掌握程度。评价形式固化，考查内容单一，学生的语言实践、思维品质、文化意识和学习能力等方面得不到考查，这容易导致学生出现高分低能的情况。

三、英语学科教学中培养国际化人才的策略

（一）课程设置多元化

核心素养观所依据的一个基本原则是强化民族性。突出社会责任和国家认同，也就是立德。因此，外语教学中应融入思政内容，开展外语课程思政，利用外语的工具性和人文性开展协同育人。传统的英语课程包括听、说、读、写、译等内容，这些内容为培养国际化人才的语言能力打下了基础。而《大学英语教学指南》将思辨能力与跨文化交流能力列入外语教学的核心培养目标，强调加强培养外语人才的复合能力，即国际化人才必须具备的批判思维和跨文化沟通能力。据此，大学英语课程的设置可以在语言技能类课程的基础上增加本土文化类、国际交流类、思辨类、演讲辩论类等课程。在强化语言基础课程、拓展文化思辨课程的基础上，建设实践实训类可增强学生语言实践技能的课程。

（二）教学方法灵活化

传统的英语教学以课堂讲授为主，重视语言知识的输入。基于英语学科核心素养角度设计英语类课程时既要考虑对学生文化素质的培养和文化知识的传授，也要注重培养学生文化思辨、独立创新和自主学习的能力。任务式、合作式、项目式、探究式等教学方法体现了以教师为主导、学生为主体的教学理念，通过教师的引导和启发使教学过程从"教"向"学"转变，形成教师引导、学生参与的教学新常态。网络科技的发展日新月异，学生的生活和学习与互联网深度融合，教师在教学中可充分利用这一点，运用在线教学工具和学习设备，整合网络教学资源，赋予语言教学以时代性、热点性，增强学生的学习积极性和能动性。通过教学方法的改革让语言学习更多元、更生动，提高学生的学习效率。

（三）评价模式多元化

传统的课程评价是终结性评价，一张试卷定分数。评价内容以完成指定的语言任务为主，其目的是测试学生对语言知识的掌握程度。核心素养体系下的国际化人才培养更注重学生的文化意识、思辨能力和实践能力，这不是一张简单的试卷可以考查的。《大学英语教学指南》也指出，应根据大学英语教学目标和教学要

求，全面检测大学生的英语能力，发挥测试对教学的正面导向作用，使之更好地为教学提供诊断和反馈信息，促进大学生英语能力的全面提高。因此，以培养国际化人才为目标的外语教学要实现评价模式的多元化、动态化，从多层次、多维度评价学习效果，将对语言知识的终结性评价、语言实践的过程性评价和学习过程的动态性评价相结合，激发学生学习的积极性，实现从"对学生测试"向"促进学习测试"转变，真正做到"以评促学，以评促教"。

英语教育肩负着为国家培养国际化人才的重要使命，关乎国家发展与民族未来。加强国际化人才的培养对提升我国的国际话语权，实施文化"走出去"战略具有重要的现实意义。因此，英语教学作为国际化人才培养的重要环节，需不断探索、改革、完善人才培养路径，为培养具有英语学科核心素养的高端国际化人才打牢基础。

参考文献

[1] 赵丽君."一带一路"背景下，国际化人才培养的知与行[N].光明日报，2018-07-01.

[2] 郭翔飞，程晓堂.培养学生核心素养课程改革的国外经验及启示[J].黑龙江高教研究，2016（09）：63-66.

[3] 陈湘云.核心素养体系下的大学英语课堂教学探索[J].辽宁科技学院学报，2017（01）：52-54，68.

[4] 杨红英，林丽.论"一带一路"背景下中国高校国际化人才核心素养的培养[J].西南民族大学学报（人文社科版），2018（02）：212-217.

[5] 孙欣.探索"一带一路"战略下国际化外语人才的培养模式[J].教育现代化，2019（81）：144-145.

文化经纪理论与实务课程思政化教学改革初探*

◎ 王宁宁　　牡丹江师范学院历史与文化学院

[摘　要] 如今，文化经纪理论与实务课程思政化教学改革几乎影响了所有领域，现在我们正进入信息社会，我们如何利用信息技术提高科学文化素质，提高学校教育质量，我们的教育工作者更为迫切。文化经纪理论与实务带来了语文教学方法、教师角色、教学信息、思维过程、教师需求等方面的变化。本文对文化经纪理论与实务课程思政化教学进行探索，分析其发展的要义。

[关键词] 思政化；教学改革；文化经纪；实务

引言

今天，文化经纪理论与实务课程思政化教学改革几乎影响了所有领域。现在进入信息社会，如何利用文化经纪理论与实务课程思政化教学作为课程改革的一部分，实验教师融入了课程改革的潮流。为使语文教学更受信息技术的欢迎，设计媒体课程、上网咨询、查阅资料或网上教学，为课堂注入新的力量，快乐地教学，提高教学效率。

* 基金项目：文化经纪理论与实务（项目编号：KCSZ-2020072）。

作者简介：王宁宁（1982—），女，汉族，辽宁省绥中县人，硕士研究生，牡丹江师范学院历史与文化学院副教授。研究方向为文化产业管理。

一、教学改革的变换

（一）教学方式的改变

传统课程的特点是教师、师资、教学策略、学徒制、参与过程、文化经纪理论与实务课程相结合，完全颠覆了这种局面。计算机媒体的互动学习环境，学习资源的交流，学习内容和战略发展目标符合自我兴趣和学习目标，开放的学习领域，参与的能力，自学和老师的建议，自主学习和资源的互动共同参与知识的传递，以增加接收的信息量，提高储存效果，加速知识的理解和消化，提高学习效率，计算机资源网络技术环境促进了文化经纪理论与实务课程教学任务的完成、合作学习的开展和机会的交流。我们的教育教学要努力营造合作学习环境，运用合作学习策略，培养合作意识，培养合作技能，构建合作学习的水平。文化经纪理论与实务课程应融入教育中，以构建新型学习方式的自主性、合作性和探索性，充分体现信息交流的导向性、丰富性和速度性。

（二）教师角色的改变

网络技术的发展加快了知识更新的步伐，学习者可以快速获得关于网络的各种知识。文化经纪理论与实务课程发展的程度越来越依赖于对信息的利用和对自我学习和自我教育的培养，在传统的教学中制作教材来规范教学框架，而现代网络是教师课程开发的研究主题，运用现代手段创设学习情境，拓宽媒介教育范围；编写教育软件，促进课程开发的方向性、校本性和综合性，网络学习群体巩固德育发展，拓宽了道德修养的视野。同时，文化经纪理论与实务课程可以打破空间与空间的界限，拓宽国际交往的渠道，促进教师之间平等、民主的关系，促进教师交往的规范化、平等化。教师要提高自己的道德素质，培养自己的情感素质，形成宽容、尊重的品德，提高教师之间的合作水平，创造和谐的教师关系。

（三）课堂信息量的变化

当今社会已进入信息空间、知识库和资源库丰富的特殊网络世界。互联网发布的各种信息，充满了现代气息，几乎涵盖了所有领域和新话题。教育网站存储学习信息、培训申报、故障排除、优秀课程等，有效利用信息技术可以显著提高班级信息容量。语文学习的基础仅仅是教科书、教师、参考资料等能够广泛满足学习需要的信息。信息技术体现了强大的网络优势，收集了更多的文化经纪理论与实务课程信息资源，增加了教师的信息量，充分利用了文化经纪理论与实务课程资源，提高了学习能力，增加了信息量，它与信息点密切相关。由于它能获取知识信息，所以能够掌握更多的知识，有利于知识的保留。

（四）思维的变化

文化经纪理论与实务课程教学的基本目标是培养实践者的表达能力和思维能力，逐步完善认知过程。整个过程，由浅入深使思维从现象的本质出发，从形象思维到抽象思维，所有教育者都必须探究问题，思维过程注重对语文知识结论的简单记忆；在现代教育技术的课堂上，思维过程侧重于采用不同的认知策略来解决阅读和写作中的实际问题，同时减少概念知识本身的记忆损失。由于教育技术具有思维过程外化的功能，它可以监控思维过程、如何学习、如何思考，这是教育改革的一项艰巨任务。

二、文化经纪理论与实务课程思政化教学分析

（一）必要性

文化经纪理论与实务课程培训是人文基础课，能让学生了解文化的起源、文化产业的发展、大众文化，在文化产业发展过程中探索文化管理，有助于提高学生的文化素质，树立热爱中国传统文化的精神，尊重传统文化的传承和保护。文化经纪理论与实务课程的本质决定了与思想政治教育联系较窄，特别适合构建思想政治教育课程。因此，在文化经纪理论与实务课程教学过程中，要深入研究思想政治教育的内容、文化自信、民族自豪感相结合的内容，在课程中，思想与爱国主义具有特定的文化产品，充分发挥文化经纪理论的思想政治教育功能和培训课程的作用。

（二）教学路径

文化经纪理论与实务课程的教学理念是具有思想政治性的。从专业课教师的

角度来看，在专业课教学过程中，除了教授知识和培养学生不同的能力外，还应该帮助学生树立正确的价值观，换句话说，以正确的价值观讲授文化经纪理论与实务课程，不仅意味着系统、科学地传授与文化经济相关的理论知识和实践技能，而且意味着文化产业与人、社会等多维度的交融关系。从学生的角度出发，必须强调学生文化接受的心理特征，从单向的教学转向交际与对话，在语境中改变相同的互动关系，机械地回避思想政治因素。

（三）价值观念引导

社会主义核心价值观由于其理论本身具有一定的抽象性，在高校必须有一定的基础，为了实现社会主义核心价值观，在整个课程的思想政治建设中，教师、课程和学生是一体的，教师必须有思想政治观念的课程，文化经纪理论与实务课程就是在教学过程中，结合课程内容，把教师的思想政治思想传递给学生，文化经纪理论与实务课程教学内容的正确价值是思想性的，而文化经纪理论与实务课程的思想政治内容则是直接服务于文化产业管理人才培养目标的。文化经纪理论与实务课程作为一门应用性学科，既要考虑到大多数人的应用性特点，又要考虑到课程内容对学生价值观的主导作用。

（四）思政元素融入教学

文化经纪理论与实务课程的教学方法是思想性的，欧洲文化经纪理论与实务课程应探索移动"互联网+"的教学实践，积极利用平台实现互动学习，线上线下结合，充分调动学生的学习积极性和主动性，突破个别化的教学方法，与时俱进，找到社会热点话题与课程内容的结合点，课程的思想政治功能就可以潜移默化地完成，让学生们为生活定义正确的价值观。本课程详细介绍了文化的起源和发展、中国传统文化的发展、文化资源和文化经济的发展以及文化产业的发展战略和文化经济存在的问题。特别强调发展文化经济，突出文化在经济发展中的作用，论述发展文化产业对国家软实力和经济发展的影响。在知识结合的基础上，将思想政治因素融入课程，引导学生反思新媒体环境下文化产业的转型与发展。

（五）专题教学

另一方面，特殊的教学方法可以应用于微观层面。文化经纪理论与实务课程的"课程思想政治"可以将零散的课程内容整合成若干相互关联、相互独立的主题。例如，文化经纪理论与实务课程可分为文化产业与经济发展、文化产业与传媒发展、文化产业与文化管理、文化经济与文化管理、文化活动产业与文化安全等，世界遗产发展理论与战略的五大主题，每一个主题都结合了思想政治因素，不同的主题结合了不同的思想政治因素。它不仅丰富了课程的教学内容，而且给学生带来了不同的学习感受，提高了学生的学习兴趣，让学生接受思想政治教育。此外，还可以采用讨论和项目教学的方法，通过热点话题与课程内容的结合，突出思想政治教育的作用。

三、思政化教学对策

（一）思维模式的构建

文化经纪理论与实务课程思想政治课的科学设计，必须严格根据课程教学的基本内容和特点，首先要建立课程与思想政治内容的有机联系，这是必要的，通过分析课程内容，明确两者之间的联系，找到文化与思想政治知识的联系，文化经纪理论与实务课程不能生搬硬套到思想政治教育的整章中，要在具体分析教学章节的基础上，深化教育第三方思想政策内容，确保思想政治理论的影响。此外，要分析学生的具体情况，分析专科教育的特点，制定思想政治教育课程，制定适当的教学目标，制定学生的内容和方法，做好课程设计。

（二）教学目标的确立

文化经纪理论与实务课程的教学目标是以提高学生的实践行为能力和不断满足社会企业的基本需要为基础的。教学目标要求课程内容与思想政治教育内容相结合，把绿色思维、生态思维、人文思维融入学科教育，提高学生的综合能力，通过学习内容与思想政治内容的结合，促进学生在社会中的发展，可以塑造良好的价值观，提高学生的素质，注重学生基本技能和意识的培养，鼓励学生掌握基本理论知识，在实际中发展教学要从课堂教育延伸到课外教育，在教学中引入社会实践，提高学生的情感，通过专业知识的整合，达到统一的教育目标，帮助学生在新能源汽车技术教学中树立正确的三向透视意识，促进学生的发展，为学生的未来发展奠定基础。

（三）思政与专业相结合

文化经纪理论与实务课程必须与课程的思想政治内容充分结合，将思想政治思想融入学科教育，实施专业教育内容和方法的二次开发和运用。在实际教学中采用课堂讨论+资料检索的方法，在现场进行合理的展示。借助线上线下教学模式，学生可以通过微格教学完成自己的课程。在教学中我们可以控制好思想政治课的教学内容和良好的教学方法。在教学中，学生必须以互动的形式进行评价和分析。通过对教学内容的具体分析，可以很好地进行思想政治教育内容的评价。为学生提供真实的案例教学内容，建立创新的课堂组织结构，确定项目的基本目标，并详细分析内容，以确定课程进度，对结果进行详细分析，并在网络中收集相关信息和内容，以便规划。

（四）提高教师思想认知

首先，作为一名专业教师，要提高对思想政治教育内容的认知水平，就必须深入钻研和分析，掌握思想政治教育的广度，把思想政治教育与学科基础知识相结合，使小学生的理解和基础知识的掌握加深，进而更好地在现实生活中得到应用。因此，教师应将思想政治课教学内容融入专业教学中，更好地描述课程的基本内容。教师要注重思想政治要素和内容的整合，不断提高思想政治教学的思想性和人文性，尊重思想政治教学的内涵和知识性，才能在教育中起到根本性的作用。其次，要注意激发专业课程教师的兴趣和积极性，以专业的态度感染学生，为课程的知识内容创建团队，对课程的知识内容进行分析和探索。学习结束后，思想政治专家要对课程内容进行反馈，参与各种新的教学活动要掌握更多的基础知识，培养更多的技能，就要树立正确的视角，树立自己的发展观，这就是为什么专业教师要意识到思想政治课内容的价值和重要性，做到心中有数，符合思想政治理论的实际需要，将教育功能与思想政治教育内容相结合，通过不断努力，形成课堂自我激励机制，学会运用激励语言来激励学生，提高对学习思想政治教育价值的认识，使学生树立正确的学习观念，为学生今后的发展奠定基础。

（五）教学指导

为实现文化负责人的目标，课程可选用适当的程序和内容对理论进行实践。学生组织课程，以小组报告的形式讨论和分析相关问题。在研究过程中，教师应分析问题，说明观点，了解学生的学习状况和思想趋势，促进学生发展，帮助学生树立正确观念。

四、结束语

综上所述，本文针对文化经纪理论与实务课程思政化教学改革进行了一系列的分析与研究，对于专业课堂而言，思政化的教学模式能够促进学生建立正确的学习观念。总之，文化经纪理论与实务课程的思想政治教育课程是一项复杂的系统工程。从专业课程本身出发，教师首先树立思想政治教育的教学理念，然后结合课程知识做好教学设计和教学内容，文化中介理论与实践课程将传统文化引入教学实践，融入人才培养体系，不断推进专业课程建设，是思想政治教育的创新和深化。

参考文献

[1] 李淑梅. 高职院校课程思政教学改革探究——以市场营销理论与实务课程为例[J]. 商情, 2020,（17）: 227, 150.

[2] 王磐, 郭昱辰, 邹文峰. "同向, 同行, 同频"理念下高职"课程思政"教学改革探索——以《国际贸易理论与实务》为例[J]. 财富时代, 2020,（01）: 80-80.

[3] 张卓彦. 课程思政视域下中职体育教学改革初探[J]. 武术研究, 2020（02）: 132-134.

［4］庞雪蕊，刘峰，李乐. 基于"课程思政"理念下的《全科医学概论》教学改革初探［J］. 右江民族医学院学报，2020，42（06）：806-809.

居住区景观规划设计实施课程思政教育的思考与探索*

◎ 战冠红　　牡丹江师范学院 美术与设计学院

[摘　要] 居住区景观规划设计课程是教学生居住区景观规划设计原理的基础知识，掌握室外环境设计方案绘图的步骤和方法的一门课程。把思政元素融入居住区景观规划设计课程中，不仅可以培养学生的设计素养，提高设计能力，同时还可以让学生加强思想政治教育，帮助学生树立正确的人生观、世界观和价值观。把爱国精神、工匠精神、人民至上、家国情怀、道德思想、理想信念、团队合作精神、奋斗精神等思政元素融入居住区景观规划设计中，作为本课程建设的思路，为思政教学与居住区景观规划设计的教学融合提供有益的参考。

[关键词] 课程思政；居住区规划设计；思政元素

一、居住区景观规划设计课程与课堂思政相结合的必要性

（一）课程概况

居住区景观规划设计是环境设计专业的主干课之一，是了解和掌握城市规划

---

* 基金项目：牡丹江师范学院课程思政教学改革专项项目"居住区景观规划设计课程思政"（KCSZ-2020017）；牡丹江师范学院课程思政教学改革专项项目"人机工程学课程思政"（KCSZ-2020008）；《公共景观设计》牡丹江师范学院"金课"建设项目（JK-2020017）；黑龙江省省属高校基本科研业务费科研项目"文化转译视角下黑龙江少数民族非遗数字化创新设计与传播策略研究"（项目编号：1453QN013）。

作者简介：战冠红（1988—），黑龙江人，牡丹江师范学院讲师，硕士，研究方向为环境艺术设计。

设计基本原理以及对居住区各类景观设计的一般设计方法，注重的是对学生综合素质和能力的培养，通过对居住区规划设计的锻炼，逐步提高学生的专业水平。将思政元素融入居住区景观规划设计课程中，在项目实训的过程中加强学生的思政政治教育，帮助学生树立正确的世界观、人生观、价值观。

此课程的内容主要包括四部分：

（1）居住区景观规划原理（居住区景观的风格基调、景观设计概述及内容）；

（2）居住区景观详细设计；

（3）居住区景观规划方案设计及居住区景观规划实际案例分析，实地考察，将分组进行实地考察，撰写考察报告；

（4）居住区景观规划项目实训。

（二）课程思政的教学目标

本课程的课程思政教学目标从知识目标、能力目标和情感目标三个方向来确立对学生的价值塑造、能力培养、知识传授三位一体的课程目标，结合课程教学内容，明确思想政治教育的融入点，将爱国精神、工匠精神、人民至上、家国情怀、道德思想、理想信念、团队合作精神等思政元素融入课程内容中，有助于对学生思政教育的培养和提升。本课程具有较强的综合性和延展性，本课程的思政教学目标要求学生在学习居住区景观规划设计原理的同时，结合社会主义核心价值观的内容，注重思政教育与专业教育有机融合，将知识、技能传授与价值引领相结合的方式，帮助学生树立正确的世界观、人生观和价值观。

二、居住区景观规划设计课程思政的教学体系

课程模块	教学目标思政要素	课程思政元素
1. 居住区景观规划设计原理 居住区景观的风格基调 居住景观的总体设计。	1. 了解我国住宅与居住区建设的发展与演变。 2. 学习中国古典园林的历史与发展、人文与内涵。 3. 学习交通组织、种植设计、水景组织、	1. 富强—基本国情 2. 爱国—民族精神 3. 文明—工匠精神 以人为本 物质文明

课程模块	教学目标思政要素	课程思政元素
	照明设计、小品设计、公共设施等要素的处理，满足居民物质和精神需求的景观设计方法。	精神文明
2. 居住区景观详细设计	1. 学习入口景观、景观空间结构、道路景观设计。 2. 学习场所景观没计，包括休闲广场、休憩场所、娱乐场所、运动场所、主题性的广场。 3. 学习绿地景观、水体景观。 4. 学习小品设施景观（结合红色文化主题的雕塑等）。	1. 文明—工匠精神 　　以人为本 　　物质文明 　　精神文明 2. 爱国—民族精神 3. 爱国—爱祖国、爱人民、爱家乡
3. 居住区景观规划方案设计 　居住区景观规划实际案例分析 项目实训（1）实地考察，分组进行实地考察，撰写考察报告	1. 通过案例分析，了解景观设计中新型科技与材料的艺术创新，了解当代居住区景观规划设计的方法。 2. 分组进行实地考察，锻炼学生协作能力。	1. 富强—科学现代化 2. 文明—以人为本 3. 友善—包容协作团结
4. 项目实训（2）居住区景观规划设计及效果图绘制	学习居住区景观规划设计的表现方法，按照国家制图标准进行绘制，学生独立完成作业，锻炼规范制图的能力。	1. 文明—工匠精神 2. 敬业—职业道德 3. 诚信—守信谦逊

三、居住区景观规划设计课程融入思政元素路径

（一）以爱国精神为融入点

通过学习居住区景观规划设计课程中的中国古典园林的风格特点、设计手法等内容，激发学生的爱国情感。在课程教学中，可引导学生以各种类型的古典园林景观为切入点，中国传统园林讲求师法自然，让学生深入了解我国古典园林中所蕴含的"虽为人作，宛自天开"的造园旨趣，并探讨现代居住区景观规划设计中融入古典园林元素的方式与方法。让学生在了解传统文化的同时，巩固民族自

信和行业自信，夯实学生的爱国情感。

（二）以工匠精神为融入点

将工匠精神融入居住区景观规划设计中，就是要培养同学们敬业、精益、专注、创新的工匠精神。居住区景观规划设计是城市规划的主要部分，是事关城市面貌和人民生活的重要工作，可以借助古今中外的典型居住区规划案例，将其形成和施工过程为切入点，在案例分析讲解过程中，让学生了解其历史和当时的技术条件，来弘扬古今中外劳动者的敬业、精益求精的专注精神，培养学生吃苦耐劳、踏实勤奋的工匠精神。

（三）以人民至上为融入点

居住区景观规划设计是为人设计的，必须尽可能地为居住者创造良好的生活环境，通过案例分析引入"以人为本"的设计原则，把人民至上贯穿到设计中，居住区景观规划设计是不断解决人与自然环境和人工环境的协调发展，在设计时要在遵守自然客观规律的基础上，满足人的使用需求和精神需求。

（四）以家国情怀为融入点

通过国家先进、典型人物事迹的渗透，激发学生的爱国热情。[1]可以把当下的新闻热点话题引入课程中；也可以通过"红色文化"主题的相关艺术创作引入课程中；还可以通过学习中国的古典园林，让学生感受到中国文化的精髓，使学生感受到文化传承的自豪感。通过这些主题项目，让学生进行探讨和思考，从而让学生通过自主的学习方式进行课程思政的渗透。

（五）以道德思想为融入点

"道德是教育的最高目的"。将道德思想融入课程当中有两点内容：一是将儒家思想文化的道德思想融入课程中；二是将职业道德的思想融入课程当中。

1. 将儒家文化渗透到课程中

儒家文化流传至今已有千年，不论是对人的处事之道还是治理国家之道，都产生了深远的影响，具有丰富的内涵。景观设计是一个综合性的学科，很多的景观设计中不仅蕴含的是现代文明，也融合了儒家文化的思想。在景观设计中可以以景观小品和绿植为例，发掘其蕴含的道德本质。比如北方经常用到的绿植——松树，松树有着不畏逆境的坚韧品格，显示着坚贞不屈、高风亮节的精神。通过景观设计中的绿植和小品案例，将思政教育融入课程中，将知识传授与价值引领相结合，让学生的道德思想在课程中得到提升。

2. 将职业道德思想渗透到课程中

在项目实训中，应该按照国家的相关政策和规范进行设计，引导学生养成良好的职业道德素养，培养职业责任感，养成严谨细致的工作作风。

（六）以理想信念为融入点

在课程中，设置"景观设计师"的专题学习分享活动，让每个同学来分享一名国内著名的景观设计师的成长历程和案例，通过其经历和案例，让学生知道设计创造价值，让学生抱有对设计的理想信念，要永不懈怠，迎头奋进，在总结中学习进步，收获宝贵经验，建立自己的专业规划和人生规划，增强学生的专业自豪感，让学生有专业认同感和责任感，把树立"中国梦"作为理想信念，为中国的发展贡献自己的力量。

（七）以团队精神为融入点

在项目实训 1 的调研环节，让同学们分组进行调研，创建考核机制，让同学们增强荣誉感，堤高学生的团队合作的精神。在项目实训中，各组成员进行分工合作，采用讨论式教学法，让同学们互相交流，多方位思考，增强学习的灵活性，培养学生团队协作的精神。

项目实训 2 的训练是居住区景观规划设计及效果图的绘制。每个同学做完方案后，分组进行汇报。每个小组同学之间先进行互评，可以模拟职场中的角色互动的模式进行交流，推选出最优秀的作品进行汇报，培养学生的集体荣誉感和团队精神。

四、居住区景观规划设计实施课程思政教育的实践成效

把思政教育融入居住区景观规划设计课程中，解决了思政教育和环艺设计专

业发展与环艺设计行业脱节的问题，巧妙地将案例教学渗透到课堂中，有效地衔接了课程中多个知识点与课程思政协同育人的功能，使学生在学习专业知识和技能的同时，了解本专业的职业规范和责任，提高了学生的岗位适应能力，使学生对本专业有了专业规划，也培养了学生的奋斗精神与团队精神。

五、结语

随着课程思政的不断深化，对专业课老师是机遇也是挑战，如何把本专业的优势与课程思政教育更好地融合，把"知识引领与价值引领"相融合是一个长期面对的重要工作。本文仅对居住区景观规划设计课程思政教学路径提出一些粗浅的想法，在课程思政具体案例教学问题上仍需进一步的完善和深入探讨，充分挖掘居住区景观规划设计课程中的思政教学育人的渠道，帮助学生在专业学习的过程中树立起正确的世界观、人生观和价值观，为学生能更好地服务社会与回馈社会奠定知识技能基础和思想政治基础。[3]

参考文献

[1] 罗淞雅. 课程思政背景下"居住区景观规划与设计"课程改革中的探索[J]. 福建茶叶, 2020, 42（02）: 114.

[2] 车艳竹. "课程思政"理念在《旅游美学》教学中的探索[J]. 智库时代, 2019（33）: 136-137.

[3] 王道俊, 郭文安. 教育学[M]. 北京: 人民出版社, 2016: 237.

基于网络暴力治理的大学生思想政治教育*

◎ 林　创　　牡丹江师范学院 法学院

◎ 窦　强　　牡丹江师范学院 经济与管理学院

[**摘　要**] 随着我国网络建设规模不断扩大，网络涉及的范围和领域也不断增长，随之很容易出现一些网络语言暴力等问题，对学生的成长造成不良影响。在自媒体事业飞速发展的今天，大学生网络语言暴力问题时有发生。本文通过阐述网络暴力的特征和危害，研究了在网络暴力治理中高校大学生思想政治教育的主要对策和措施。

[**关键词**] 网络暴力治理；大学生；思想政治教育

近年来，随着网络信息技术的快速发展，大量的网络自媒体社交平台陆续发展起来，如抖音、微博等，并在社会中得到了广泛的普及和应用，尤其是在大学生群体中。它虽然在很大程度上促进了人们生活质量和幸福指数的提升，能够帮助人们更加迅速地了解社会中发生的时事，但同时也产生了一些负面作用。尤其是网络语言暴力问题，对大学生的身心发展有着不利影响。为了避免这些问题的发生，对于学校而言，就必须加强对大学生的思想政治教育，保证学生们正确理解和看待网络暴力事件，保证学生们不受网络暴力问题的干扰，同时更不会引发网络暴力问题，这对学生的健康成长和对社会的稳定发展有着积极作用。

---

* **基金项目**：黑龙江省教育厅项目"法理学视角下网络暴力的规制研究"（1351MSYZD006）；牡丹江师范学院课程思想政治专项"国际公法学"（KCSZ-2020061）。

作者简介：林创（1986—），女，河南南阳人，讲师，硕士，从事环境法、国际法教学与研究。窦强（1986—），男，黑龙江海林人，讲师，硕士，从事国际贸易学研究。

新时代下的互联网发展十分迅速，对人们的日常生活产生重要影响，尤其是面对社会中的一些重大事件时，网络舆论能够发挥出重要价值。但是，随着网络建设规模不断扩大，其涉及的范围和领域也不断增长，随之很容易出现一些网络语言暴力等问题，对学生的成长造成不良影响。在自媒体事业飞速发展的今天，大学生网络语言暴力问题层出不穷，为此，我们就必须有针对性地加强对大学生的思想政治教育。

一、网络暴力的基本概念

对于网络暴力而言，通常情况下，更多的便是网络语言暴力，即面对一些社会事件时，参与的网民不能很好地控制自身的语言行为，在网络舆论中表现过激，对当事人或者社会造成不好的影响，属于一种虚拟网络世界的非理性表达行为。虽然网络语言暴力在网络暴力中占有很大比例，但随着网络信息技术的快速发展，网络交流形式也更加多种多样，这就导致网络暴力不仅局限于网络语言暴力，还会涉及更多方面的内容。一般而言，只要在虚拟网络世界中涉及一些不良的图片、视频或通过其他形式揭示别人隐私的内容，甚至通过一些网络黑客技术故意攻击他人网站、盗取别人的私密信息等行为，都属于网络暴力的范畴，都会对社会造成直接性或间接性的负面影响，使得相关事件的参与者的人格和权利受到损害。尤其是网络语言暴力，它更能反映出网络暴力的实际问题，本文也是结合此方面展开重点分析。

二、网络暴力的特征和危害

（一）网络暴力治理下的基本特征

首先，从网络暴力参与者方面来讲，其网络暴力主要包括三方面内容，分别是网络暴力的实施者、网络暴力受害者以及相应的目击者。对于实施者而言，它是指在相关的网络事件中，对与事件相关的核心人物进行有意或无意的非理性评价行为，并且对当事者造成了一定的利益损害；对于网络受害者而言，是指网络事件中的核心人物遭受外界舆论的不同程度的冲击；对于目击者而言，则是那些间接性参与和观看事件的人，通常包括有三类人，分别为支持者、反对者以及中间者。其次，从事件发生的动机来看，主要包括两大类，一种是有意而为的网络暴力，一种是无意的网络暴力。其中，有意而为的网络暴力影响范围更广，对当事人造成的危害也更大，甚至会对社会产生一定的冲击。再者，从网络暴力的实施形式方面来讲，主要包括也有三类，第一类是个体的攻击和报复，第二类是对社会的报复，第三类便是对权威的报复冲击。

（二）网络暴力下对大学生的危害

网络暴力危害社会不同的人群，特别是对大学生群体危害极大，主要表现为对大学生心理上和实际行为的冲击两个方面。

1. 对大学生心理方面的冲击

在当前的网络交际平台上，虽然我们一直提倡保持自己独立的价值和观点，但是在面对实际的社会问题时往往存在一些从众的现象。比如，在面对某些社会问题时，某些社交媒体可能优先发表自己的观点以及对相应问题的看法，然后使得舆论趋势出现"一边倒"的倾向，导致很多年轻人因缺乏独立思考和对实际问题的把握和判断，出现一定的盲目从众心理。在这种情况下，如果该观点是错误的，则会导致错误的趋势继续增大，进而出现严重的社会问题，对年轻人的心理影响是非常严重的。另外，一旦这种情况持续发展下去，很多大学生便会逐渐丧失思考和逻辑判断能力，以至于对相关事件的评价一般都追随大众媒体的舆论导向，严重阻碍自身的发展，进而有可能形成一定的心理问题。与此同时，也会出现一定的反向心理问题，如一些大学生在面对舆论问题时不仅缺乏自身的判断和对价值的把握，而且采用与社会大众相反的态度来看待。

2. 对大学生实际行为的冲击

虽然网络暴力来源于虚拟的网络世界，但是，只要事件双方都在不断地参与，就会由于某一方的行为改变导致整个事件的升级。比如，前几年常见的网络暴力所引发的现实暴力问题,这对大学生群体未来的发展和健康成长有着严重的危害。通常情况下,对于网络的语言暴力来讲,其传播和发展方式包括两种:第一种方式是指那些直接将消息在未经同意的情况下进行传播;第二种方式则是通过某些社交平台,如抖音、快手等,将这些不良信息进行再次传播。但其中需要注意的是,这些问题一旦涉及较高的政治性,它对社会的危害程度将是非常严重的。而就当前来说,很多大学生只是过分参与网络世界,但并不能有效地将网络世界和现实世界进行区分,这就导致很多网络暴力事件直接引发现实暴力问题,从而形成一些集体暴力事件等,严重影响社会的发展和稳定。

三、在网络暴力治理中高校大学生思想政治教育的主要对策和措施

在网络暴力治理中,必须加强大学生的网络价值理念教育、心理健康方面的教育,将其融入高校思想政治课教育教学之中,提升大学生的自控能力。

（一）加强大学生正确网络价值观念的教育

要想保证大学生树立正确的网络价值观念,我们可以从加强大学生媒介素养的培养和教育等方面入手,对大学生面对网络舆论事件时的态度进行正确的指导,促使大学生在网络事件中保持自己独立的正确的方向,从而在最大程度上避免网络暴力问题对大学生思想的不良影响。而媒介素养的教育正好能够有效地解决此方面的问题。对于媒介素养来说,其基本的内涵便是要求学生们能够正确识别和分析社会舆论问题中的信息,从而正确判断它的价值,形成自身客观和正确的理念,并不受外界盲目从众现象的影响。但就目前而言,我国很多学校的大学生在媒介素养方面显然有很多不足之处,面对一些社会舆论问题时,往往出现"一边倒"的倾向,不利于学生的价值观念建设。因此,学校应该高度重视。可以在思想政治教育、道德教育、创业创新教育等相关课程中引入一些媒介素养的教育内容,以加强学生对此方面的重视,从而在面对网络暴力问题时能够有自身独立的判断和对价值观念的分析,这对社会的稳定运行和发展是非常重要的。

（二）高校必须加强大学生心理健康方面的教育

在面对一些网络暴力问题时，很多学生容易受到干扰和影响。究其原因，还是因为学生的心理承受能力较差，无法迎接和面对一些突发的暴力问题，因此对自身造成较大的影响。为此，我们可以从加强大学生心理健康方面进行培育和教导，促使学生在面对网络问题时能够保持积极的心态和情绪。另外，对于大学生而言，其心智发育尚未成熟，在面对一些失衡的事态时，往往由于自身的消极情绪发泄而对他人造成一定危害。若问题发生在网络，则可能导致网络事件的升级，引发一定的暴力问题。为此，必须要着重加强大学生的心理健康方面的教育，如心理情绪方面的管理和教育。对于学校而言，可以积极建立相关大学生心理咨询室，以满足当代大学生在学校中一些实际心理问题的咨询需要，保证其能够以正确的价值观去进行学习和生活。对于学生自身而言，要加强自身的管控能力，尤其是在虚拟的网络世界中面对一些暴力问题时，一定要时刻保持冷静和清醒，不能由于自身的冲动而做出危害社会、危害他人的事情；同时，还要学会调整自己的情绪，比如转移注意力法等，保证对自己的情绪能够进行合理的管控。

（三）高校要将网络教育融合到高校的思想政治课教育教学中

就传统的高校思想政治教学而言，主要是面对一些社会实际生活中的问题。而随着互联网信息技术的发展，出现了一些新的社会问题，这便需要高校的思想政治教育引入新的教学模式。另外，对于当今社会而言，大学生的发展更多是偏向于网络世界中，而高校的思想政治课程已经不能满足现代化网络社会的需要，为此，就必须要加强网络社会与高校思想政治课程教学的融合，以全面适合新时代下大学生心理发展的要求，同时也能解决大学生在网络暴力事件中受到的影响。因此，在高校大学生思想政治教育中，我们可以将网络教育作为思想政治教育的一个分支，将实际网络中的问题引入到思想政治教育内容中，不但为思想政治教育带来新的活力，同时也能保证大学生的思想政治教育更好地适应现代社会发展的要求。另外，还可以将网络教育划分到学生的心理课程教育下，培养大学生能够以积极正确的心态去对待网络暴力事件，避免出现更多的危害性问题。

四、结语

总之，在信息技术及互联网飞速发展的当今社会，网络暴力事件层出不穷，对于广泛使用网络平台的高校大学生群体而言，有着重大的影响和冲击。为了保证大学生树立正确的价值理念，我们就需要加强对大学生的思想政治教育，避免其在网络暴力事件中受到更大的冲击。因此，高校应该对此方面进行重视，结合实际中出现的问题进行分析，加强大学生的网络价值理念教育、心理健康教育，将网络教育融入大学生思想政治教育、融入高校校园文化建设，提高大学生的思想文化道德水平，以采取更有效的对策和措施来提升大学生的思想政治水平，保证其在网络事件中能够有正确的判断和树立正确的价值理念，进而全面治理网络暴力现象。

参考文献

[1] 韩飞. 新媒体环境下应用型本科高校大学生网络思想政治教育创新研究[J]. 佳木斯职业学院学报，2020（10）：9-10, 13.

[2] 兰丽娟，罗作勤. 网络热点事件融入大学生思想政治教育的路径探究[J]. 现代职业教育，2020（40）：6-7.

[3] 向宇婷. 针对"网络暴力"谈大学生网络思想政治教育新要求[J]. 党史博采（下），2020（12）：62-64.

[4] 苏艳春. 网络暴力对大学生思想政治教育的负面影响[J]. 南方论刊，2016（11）：110-112.

[5] 谭仁杰. 网络时代的高校思想政治教育——地方院校德育研究[M]. 武汉:武汉大学出版社，2014：167-170.

[6] 艾四林，吴潜涛. 思想政治教育理论与实践创新聚焦[M]. 北京:人民出版社，2018：363-366.

入古出新 浸润无声

——中小学书法课程与德育之融合*

◎ 刘 爽　　牡丹江师范学院 美术与设计学院

[摘 要] 在书法教育中融入德育，既是"立德树人"和德智体美劳"五育"并举的要求，也是中共中央办公厅、国务院办公厅《关于深化新时代学校思想政治理论课改革创新的若干意见》等相关文件的要求，同时还是社会各界的共识和呼声。书法教育与德育一直存在着紧密的联系，在中小学书法教育中融入德育具有很强的可操作性。本文就如何在中小学书法教育中融入德育及怎样融合进行探究，旨在对中小学书法教育中融入德育提供科学、有效的方法和帮助。

[关键词] 课程思政；书法课程；中小学；德育

2019 年 8 月，中共中央办公厅、国务院办公厅印发了《关于深化新时代学校思想政治理论课改革创新的若干意见》，其中提到了"整体推进高校课程思政和中小学学科德育。深度挖掘高校各学科门类专业课程和中小学语文、历史、地理、体育、艺术等所有课程蕴含的思想政治教育资源……"这就要求不论是高等教育还是基础教育，所有课程都应该在突出专业特色的基础上，与思政教育同向并行、

* 基金项目：牡丹江师范学院教育教学改革一般项目，课程思政专题研究成果，项目编号：KCSZ-2020059；牡丹江师范学院人文社会科学研究项目："论《二十四画品》中山水画'古意'蕴涵及其当代意义"，项目编号：YB2019018。
　作者简介：刘爽（1988—），女，黑龙江鹤岗人，牡丹江师范学院美术与设计学院书法教师，硕士。中国书法家协会会员，黑龙江省书法协会会员。

相互配合，在教学中融入思政元素，润物无声，体现思政"味道"。此外，结合之前教育部印发的《关于中小学开展书法教育的意见》（教基二〔2011〕4号）与《中小学书法教育指导纲要》（教基二〔2013〕1号，以下简称《纲要》）中的要求，中小学书法教育不仅仅要从书写技法角度、基础知识角度展开，更要从文化的角度去解读，在书法教学中渗入更多的传统文化知识，以德为先，培养家国情怀，提升文化修养，真正实现知、情、意、行的统一。

书法教育可以从智育、美育、德育、传统文化教育等方面着眼，深入挖掘其中的契合点，如盐入水般达到育人的目的。书写活动中的观察、记忆、实践可以启迪智慧；欣赏历代流传的碑帖经典可以提高审美素养；古代传统的教育内容可以浸润内心、提升人格修养；与书法息息相关的中国文化可以丰富学识、增加涵养。以下从教学理念、教学内容两个方面来探讨思政教育与中小学书法教学的融合。

一、传承创新：书法教学理念的承袭与革新

书法教育古已有之，并且是中国古代教育中的重要一项，它折射出中国古代教育的整体构思和实施方法。从基础教育就重视识字与书写能力的培养。西周时重"六艺"与"六书"，汉代承前启后，在书写能力要求方面增加了些许艺术色彩，东汉设鸿都门学，成立书画教育、交流的机构。唐宋时代，教育制度愈发成熟，逐步形成系统的书学教育。古代的书法教育不仅仅局限于使书写者掌握书写技能、提高书写水准，同时也有意识地启迪学书者注重品性修养。

《纲要》中明确提出了"提高汉字书写能力"，"适度融入书法审美和书法文化教育。"[1]当代中小学书法教学理念在继承的同时，也有所创新。处于新时代的中国，培养的是德、智、体、美、劳全面发展的人才；处于新时代的中小学生，应该树立正确的理想信念、价值观和人生观，明确未来方向。在书法课上，首先是要感知美，进而认识美，才能更好地书写美。在这一过程中，潜移默化地将思政内容融入教学，在内心种下一颗健康向上的种子，润物无声地浇灌它，与其他课程共同发挥育人的合力。

二、广纳博引：深入挖掘思政内容

（一）知源明理，文化浸润

中华优秀传统文化是厚重的基石，是践行社会主义核心价值观的不竭资源，更是中华民族屹立于世界文化领域的中流砥柱。"中国书法的表现对象、抒发方式、追求境界、鉴赏视角、诠释思路乃至传承与新创的精神本质都植根于中国文化。"[2]书法有着深厚的文化根基，其本身就是一种文化现象，与文字学、文学经典、国画、社会生活等有着千丝万缕的联系，在这里仅从几个方面简略展开。

1. 从文字学的角度

唐代张怀瓘《文字论》云："阐《典》、《坟》之大猷，成国家之盛业者，莫近乎书。其后能者，加之以玄妙，故有翰墨之道生焉。"[3]汉字是书法产生的前提，在书写的基础上加之玄妙就有了书法。在书法课上融入对汉字本源的讲解，增加学生的学习兴趣，激发探索欲望，便于理解记忆，同时学生也能充分感受到华夏先民的睿智。

如在讲授"欧阳询《九成宫醴泉铭》结构规律"时，以"德"字为例，可以先引导学生分析"德"字本源的写法：甲骨文的写法是，其中左边的，即彳，它有获取、获得的意思。然后让学生猜猜右边的像什么，学生可能会说像眼睛，但对上面的竖线并不确定。眼睛上加一条竖线是指事符号，表示目光看向的是正前方，原本的意思是正视、不回避。那么"德"就是正而不邪，表示得之正直，获之坦荡。后来金文中出现将原有的直字下面加"心"的写法，意在强调"获之坦荡，问心无愧"。通过这样对文字本义的分析解读，学生明白了何以为"德"，也更容易记忆。知其然，并能探究其所以然，方能达到真正的学而习得。

2. 从绘画角度

书画融通，二者在表现手法、技巧形式和艺术追求上颇为相似，彼此影响，相互渗透。绘画中有书法的用笔，如元代柯九思以书法画竹："写干用篆法，枝用草书法，写叶用八分或用鲁公撇笔法，木石用折钗股、屋漏痕之遗意。"在章法安排上，书与画也相互借鉴。刘熙载《书概》中言："画山者必有主峰，为诸峰所拱向；作字者必有主笔，为余笔所拱向。主笔有差，则余笔皆败，故善书者必争此一笔。"[4]书法中的"主笔"犹如绘画中的"主峰"，其他笔画都要围绕主笔来写，也就是突出主笔。再如古人总结画兰叶，"一笔长二笔短三笔破凤眼"，为的就是避免多条线交于一点，实现更好的空间布局。在书法中，这种安排同样存在，如《九成宫醴泉铭》中"奉"的写法，撇画、捺画都与第三个横画相交，但捺画避开了撇画与横画的交点，为下半部分的书写打开了空间。试想，如果三条线相交于一点，格局必然会显得拥挤、小气。当讲解类似这样的例字时，就可以引用画兰叶的口诀，从而使学生印象深刻。

绘画多表现为具象，而书法则更为抽象。如果在课堂导入、笔法结构讲解中展示相关绘画作品的图片，或是参入绘画方面的知识，可能就一目了然，其义自见。

3. 社会生活角度

社会生活中的很多方面都与书法有关，如建筑、工艺、园林、服饰、节日习俗等。除夕时张贴的对联，又称"春帖"，最早可追溯至五代，宋黄休复《茆亭客话》中云："先是蜀主每岁除日，诸宫门各绘桃符一对。"宋之前的春联用的是桃符，长方形的符板，挂在大门两旁，宋代时开始使用纸。学生经过一学期的书法学习，在临近结课时，结合自己所学，书写"福"字和春联，既贴近生活，又富有仪式感，达到了学以致用的目的，而且还对民俗文化有所认知。

中小学书法教材中的集字创作部分，其内容涉及词语、对联、诗词和古文。根据不同的内容，要选择不同的书作形式。传统的书作形式与人们的生活又关系密切，厅堂文化就蕴含其中。如：家的大门有两扇，每扇一条合成一副对联。大门正上方有横楣，悬挂匾额，象征着本家的身份、社会地位以及学识追求。教师可以在学生进行不同形式的创作之前，对其中包含的文化内容加以介绍，使学生了解到书作背后的文化意义。

文化修养与书法互为依托。苏轼曾在《柳氏二外甥求笔迹》中言："退笔成山未足珍，读书万卷始通神……"在苏轼看来，如智永一样退笔成山也不一定能写出佳作，而读书万卷才能通其真意。读书何以能通神？主要在于陶冶性灵、通晓大义，唯其能如此，则书法的道理自然明了了[5]。我们一方面从学习书法的过程中认识方方面面的中国文化，一方面自身文化学养又在一定程度上影响着手上的"功夫"。下笔能否有神，与书写者的学养、人格精神是分不开的。在中小学的书法教学中嵌入传统文化的教育，就是将中国的文化基因植入骨髓，化为内在的精神血液。

（二）心手相应，修身正己

司马光言："才者，德之资也；德者，才之帅也。"德行统领着才能，优秀的人才应当德才兼备。从古至今，教育的目的始终是要培养德才兼备之人。书法课堂正是修身正己的课堂，从坐姿到执笔再到书写实践无不在提示学书者需端正态度，修善自身。注重情操和品格的培养，才能在言行上展现良好的精神风貌。

学习书法，从培养良好的行为习惯开始。书写时端正姿势，"头正身直、臂开足安"。了解笔、墨、纸、砚的产生，见识大自然的神奇与工匠的聪慧，在使用这些文房用具时更懂得爱护珍惜。从"非人磨墨墨磨人"的语句中，引导学生体悟"磨炼"的意义。在书写实践时，指导学生掌握书写技法，一遍遍地临摹也是不断地"磨"，反复进行临写、对照、找差别、再临写，多次重复这样的过程，磨炼心性，培养意志力。

中国的艺术受中国古代哲学思想的影响。在书写实践中，需要体现各种对比关系，如虚实、动静、曲直、俯仰……正是有了这些对比变化，使得每个字都是鲜活的个体，生动多姿，而这些对比关系处理得当，才使得整幅作品和谐统一。孙过庭言："违而不犯，和而不同"[6]，指的是文字形体之间有异却不互相干扰，即变化之中照顾到整体；字与字协调却不趋同，即统一之中寻求变化。这种审美标准与儒家的"中庸"思想是分不开的。儒家的"中庸"思想在为人处事方面给人以启示，书法则借助文字展现了人与人之间的相处之道，在追求个性的同时不能扰乱集体的秩序，在维护集体统一的前提下又有自我的风格。

（三）入古出新，化为自我

入古，深入传统而不拘泥于古；出新，依托传统而展时代之新。中小学书法教育从传统中来，学古摹古，传承古法；同时在教学中注入创新的思想，培养创新意识，从而实现更好的传承。

中国书法史就是在一次一次的创新中逐步发展的。每一位具有代表性的书家无不是在前人的基础上，大胆创新，终成一家。如在讲授《九成宫》结构时，通过对例字结构的分析，总结欧阳询楷书"平整中见险绝"的书风特点，进而与学生分享唐代孙过庭《书谱》中的一句话："至如初学分布，但求平正；既知平正，务追险绝；既能险绝，复归平正。初谓未及，中则过之，后乃通会。"[7]这从字面上来看是在说学习书法在不同阶段的要求，初学时要平正，守规矩；平正达到之后，要追求变化；最后再回到平正，而此时的平正是法度之中有变化。初学时达不到变化，中间可能变化过当，最后达到融会贯通。其实这也似乎是在说人生，最初学习本领时一定要脚踏实地，稳扎稳打；学成之后，有所创新，勇于突破，超越自我；经历之后，有所感悟，驾轻就熟。也许这对于中小学生来说不一定能理解到位，但至少有一个朦胧的印象，给自己确立一个小小的目标，化为内心的力量，从而触类旁通。

从象形甲骨文到各具特点的篆、隶、楷、行、草；从金石到绢帛、纸张；从不知名的契刻者到世代称颂的名家宗师；从书写实用到表情达性……中国书法饱含着华夏人的智慧与力量。传统经典在新时代也同样熠熠生辉，通过对中国书法的了解，体会中华民族从古至今具有的大国胸怀和创新精神。中小学基础教育至关重要，必定会对之后的成长产生深远的影响。中小学书法教育同样应该遵循"以德为先"的原则，以学生成长、成才为中心，在重视学生书写技能提升的同时，关注品德与人文修养，充分发挥书法课程的思政育人功能，"融入、嵌入、渗入"思政教育，浸润而无声。

参考文献

[1] 中华人民共和国教育部. 中小学书法教育指导纲要[M]. 北京：北京师范大学出版社，2013.

[2] 何学森. 书法文化教程[M]. 北京：华文出版社，2006：5.

[3] 华东师范大学古籍整理研究室. 历代书法论文选[M]. 上海：上海书画出版社，2006：209.

[4] 华东师范大学古籍整理研究室. 历代书法论文选[M]. 上海：上海书画出版社，2006：711.

[5] 甘中流. 中国书法批评史[M]. 北京：人民美术出版社，2016：233.

[6] 华东师范大学古籍整理研究室. 历代书法论文选[M]. 上海：上海书画出版社，2006：130.

[7] 华东师范大学古籍整理研究室. 历代书法论文选[M]. 上海：上海书画出版社，2006：129.